KB271285

십계명 읽기

십계명 읽기

초판 2018년 9월 9일 | 초판 2쇄 2018년 12월 15일

지은이 김은수 | **표지작품** 이현숙
기획 편집 루덴스 장보영 | **디자인** 모현정 | **마케팅** 이강수 신지혜
펴낸이 이동숙 | **펴낸곳** 루덴스 | **등록** 제16-4168호
주소 서울시 송파구 송파대로 201 송파테라타워2 B동 919호 | **전화** 02)558-9312(3) | **팩스** 02)558-9314

ISBN 979-11-5552-144-1

내 믿음의 능력을 다시 일으키는

십계명 읽기

루덴스

차례

십계명은 사랑입니다

교회를 개척하면서 "교회란 무엇인가?"를 놓고 참 많이 고민했습니다. 교회에 대해서 잘 알고 있다고 생각한 것은 신학적인 차원에서의 이해에 불과하다는 것을 절감했기 때문입니다. 성도들이 가정을 이루고, 회사를 다니는 일상적인 삶의 자리에서 '교회됨'을 적용하기란 쉽지 않았습니다.

주일에 성도들이 함께 모여 예배를 드리고, 특별기도회를 하고, 선교 여행을 다녀오는 것과 같은 일은 중요하고 의미 있는 일입니다. 하지만 일상적이고, 평범한 삶의 자리에서 성도들이 하나님의 백성답게 살아가기 위해 최선을 다하는 것은 더욱 중요합니다. 그런 최선의 몸부림이 있을 때 비로소 한 개인의 성도의 삶에서 '교회됨'의 본질이 나타나게 되기 때문입니다. 그 같은 사실을 십계명 설교를 통해 깨닫게 되었습니다.

하나님의 백성으로 부름받은 사람이 곧 교회입니다. 교회는 성도들의 모임이기도 하면서 또한 한 사람의 성도이기도 합니다. 마치 자석이 하나의 큰 덩어리일 때도 자석이지만 잘게 쪼개져도 여전히 자석인 것처럼 교회도 그렇습니다. 마찬가지로 '교회됨'의 본질은 함께 할 때도 나타나는 것이지만 혼자일 때도 나타나야 하는 것입니다.

하나님께서는 애굽왕 바로의 학대로부터 이스라엘 백성들을 구원해 주셨습니다. 하나님의 구원은 노예로 살던 사람들을 억압과 고통이 없는 자유민이 되게 했다는 그 이상의 의미가 있습니다. 하나님 없이 인간의 욕망대로 살던 애굽의 삶의 방식을 버리고 하나님의 부르심을 받은 하나님의 백성답게 살아가게 하기 위한 것이었습니다.

시내산에서의 말씀, 그 중에서도 십계명은 하나님의 백성답게 살아가는 삶의 방식을 분명하게 가르쳐 줍니다. 특별한 종교예식에 참여할 때만이 아니라 평범한 일상의 생활이 곧 하나님을 사랑하며, 섬길 수 있는 예배가 된 것입니다.

흥미로운 것은 그렇게 하나님을 사랑하고 섬기는 예배로서의 일상의 삶 곧 하나님의 백성다운 삶의 방식으로 살아가면 세상이 알지도 못하고, 줄 수도 없는 평안과 힘과 능력을 얻게 된다는 것입니다. 하나님께서 하나님의 백성답게 살아가려는 성도들에게 믿음의 능력을 더욱 강하게 일으켜 주시기 때문입니다. 바로 사랑의 선순환이 이루어지는 것입니다.

그렇습니다. 십계명은 사람을 억압하는 규율이나 규칙이 아닙니다. 십계명은 하나님께서 사랑함으로 불러 주신 하나님의 사람들이 하나님의 사람답게 살아감으로써 하나님을 사랑하게 되는 길을 우리에게 보여줍니다. 십계명은 곧 사랑의 길인 것입니다.

십계명 말씀을 온 사랑의교회 성도님들과 함께 받았습니다. 십계명의 말씀이 사랑의 길이며, 믿음의 능력을 더욱 강하게 일으켜 준다는 것을 깨달으면서 참으로 감사하고 행복했습니다. 이 책을 만나는 분들께도 같은 행복과 감사가 전달되기를 소망합니다. 이 사랑의 길을 함께 걸어가 보시기를 기쁨으로 부탁드립니다.

설교 말씀을 준비하며 여러 선생님들의 저서와 목사님들의 설교집의 도움을 많이 받았습니다. 특별히 강영안 교수님의 십계명강의(IVP)는 십계명 설교를 위한 좋은 길이 되어주었습니다. 성경 본문에 대한 연구를 성도들의 삶의 현장으로 잇고 적용하기 위해 치열하게 헌신한 노력과 통찰력은 무엇과도 바꿀 수 없는 가치를 지니고 있습니다. 이 소중한 가치들이 잘 보존되고, 이어져 나갈 때 교회는 더욱 건강하게 자라게 될 것입니다. 설교의 특성상 일일이 출처를 밝히지 못하는 것을 이해해 주시길 바랍니다.

강단에서 구어체로 전한 말씀이 이렇게 책으로 정리되었습니다. 한정된 분량으로 줄이는 과정에서 편집자의 수고에도 불구하고 부족한 부분이 더러 있을 수 있습니다. 양해를 부탁드립니다.

죄의 노예였던 저를 자녀 삼으신 하나님 아버지께 마음을 다해 감사드립니다. 강단에서 선포된 하나님의 말씀이 지면에 옮겨진 모든 과정이 은혜이며 섭리였음을 고백합니다.

온 사랑의교회에서 믿음의 가족이 된 모든 성도님들께 감사를 드립니다. 영광의 하나님 앞에서 우리는 한 예배자입니다. 예배를 통해 우리가 받은 말씀을 더 많은 분들과 함께 누릴 특권을 얻었습니다.

　매주 설교를 정리하며 헌신하신 집사님, 작품을 이 책의 표지에 쓸 수 있도록 허락해 주신 이현숙 작가님, 책을 처음 내는 일의 두려움을 이길 수 있도록 격려와 도움을 주신 한형구 교수님(서울시립대 국문학과)께 감사드립니다.

　일평생 충성된 목회자로 교회를 섬기신 어머니 김복란 목사님과 가난한 시골 교회 사모로서 예수의 영광만을 위해 살아오신 정선주 장모님께 감사드립니다

십계명은 사랑입니다.
십계명을 따라 산다는 것은 곧 사랑하며 산다는 것입니다.

출애굽기 19:5~6a

세계가 다 내게 속하였나니 너희가 내 말을 잘 듣고 내 언약을 지키면 너희는 모든 민족 중에서 내 소유가 되겠고 너희가 내게 대하여 제사장 나라가 되며 거룩한 백성이 되리라

1부
주 너의 하나님을 사랑하고

서언 | _어떻게 하나님을 사랑할 것인가?

출애굽기 20:1~3

하나님이 이 모든 말씀으로 말씀하여 이르시되 나는 너를 애굽 땅, 종 되었던 집에서 인도하여 낸 네 하나님 여호와니라 너는 나 외에는 다른 신들을 네게 두지 말라

출애굽기 19장을 돌아봅니다. 노예였던 이스라엘을 하나님께서 출애굽 시키십니다. 노예에서 해방된다는 단순한 신분변화 때문만은 아니었습니다. 바로 그들을 하나님의 특별한 소유로 만드시기 위함이었습니다. 이를 통해 우리는 하나님의 구원에 대한 통찰력을 갖게 됩니다.

하나님은 언약식을 위해 강림하시기 전에 이스라엘 백성들에게 성결을 요구하셨습니다. 그들에게 '호기심으로 하나님을 보지 말

것'과 '경계를 넘어오지 말 것'을 경고하십니다. 이는 물로는 씻을 수 없는 우리의 죄 때문입니다. 하나님 앞에 나아갈 수 있는 유일한 사람은 동물의 피로 제사 드리는 대제사장뿐이었습니다. 그러나 우리는 그리스도 예수로 말미암아 은혜로 하나님 앞에 나아갈 수 있게 되었습니다. 우리가 기억해야 할 한 가지가 있습니다. 출애굽기 19장에서 이스라엘 백성들은 시내산 앞에 섰다는 사실입니다.

하나님은 우리와 언약을 맺기 위해 강림하셨습니다. 그런데 하나님과 우리 사이에 언약이 필요한 이유는 무엇일까요?

그것은 신앙의 본질이 '관계'이기 때문입니다. 바로 하나님과 나, 하나님과 우리의 관계를 말합니다. 우리는 흔히 '신앙이 좋다' 혹은 '나쁘다' 또는 '신앙이 떨어졌다'고도 표현합니다. 보통 어떤 상황일 때 그렇게 말할까요? 그것은 관계를 통해 생각해 볼 수 있습니다. 하나님과의 관계가 좋지 않으면 우리는 '신앙이 좋지 않다'고 하는 것이지요.

고린도전서 13장 2~3절은 말합니다. '내가 예언하는 능력이 있어 모든 비밀과 모든 지식을 알고 또 산을 옮길 만한 모든 믿음이 있을지라도 사랑이 없으면 내가 아무 것도 아니요 내가 내게 있는 모든 것으로 구제하고 또 내 몸을 불사르게 내줄지라도 사랑이 없으면 내게 아무 유익이 없느니라' 라고 말씀하십니다.

내 일이 잘 된다고 해서, 또는 내가 성공했다고 해서 좋은 신앙인 것이 아닙니다. 신앙은 하나님과의 관계가 정상화 되고 그것을 유지하는 것입니다. 오히려 사람들은 자신이 어려움에 처하고 좌절하고 사망의 음침한 골짜기에 있을 때, 나락으로 떨어졌을 때에 하나님과의 관계가 회복되었다고 말합니다.

그렇다면 하나님과의 관계가 바르다는 것은 무엇으로 알 수 있을까요?

관계는 무형적 존재이기 때문에 확인해 보려고 해도 잡히지 않습니다. 관계는 사랑의 실체와 유사합니다. 이를 테면 연인과의 관계를 생각해 볼 수 있습니다. 사랑에는 상대방에 대한 관심과 배려, 그리고 집중력을 필요로 합니다. 작은 일에도 잘 살피고 배려하는 것입니다. 하나님과의 관계도 이와 같습니다. 어떻게 하면 하나님과 건강하게 관계 맺을 수 있을까요? 하나님께 관심을 갖고 그분이 원하시는 것을 행하는 것입니다. 율법, 곧 언약은 하나님께 집중할 수 있는 방법을 알려줍니다. 어떻게 하나님을 사랑할 것인가에 대한 대답이라고 할 수 있습니다. 따라서 율법은 하나님과의 관계를 건강하게 만드는 방법입니다.

우리는 모세 오경을 율법으로 생각하지만 사실 성경 전체가 하나님을 사랑하는 법을 말씀하고 있습니다.

본문 1~2절은 매우 소중한 구절로 모든 구약성경을 요약한 것이라고 할 수 있습니다. 1절을 살펴보겠습니다.

하나님이 이 모든 말씀으로 말씀하여 이르시되

1절에서 말하는 '모든 말씀'은 하나님께서 말씀하신 모든 말씀입니다. '하나님께서 말씀하셨다'가 아니라 '하나님께서 모든 말씀으로 말씀하셨다'고 표현한 것은 모세가 전하는 모든 말에 단 하나도 헛되거나 무의미한 것이 없다는 뜻입니다. 말씀의 전체가 다 소중하고 중요하고 동일한 가치를 가진다는 것입니다. 십계명의 첫 번째 계명이나 아니면 마지막 열 번째 계명이나 또는 구약 성경 제일 마지막에 나오는 말라기의 한 구절이나 동일한 가치를 가지고 있다는 뜻입니다.

그런데 인간은 자기의 편의대로 말씀을 생각합니다. 형광펜으로 표시하고 별표를 치고 밑줄을 긋는 구절이 있겠지만 그 외의 다른 구절들이 진짜 우리에게 필요한 말씀들입니다. 나의 뜻과 편의대로 내게 이익이 되는 말씀만 보아서는 안 된다는 말입니다. 찔리고 불편한 말씀이야말로 지금 내게 필요한 하나님의 말씀이라는 것입니다.

내 이익의 관점에서 말씀을 본다는 것은 무엇입니까?

이익은 탐욕을 전제로 합니다. 자존심이 상하면 내 이익에 따라서 말씀으로 상대방을 공격하기도 합니다. 하나님께서 나 대신 벌하시기를 바라면서 말입니다. 그것을 방지하기 위해 모세는 '이 모든 말씀으로'라고 강조하고 있습니다.

우리는 순종의 관점에서 말씀을 받아야 합니다. 그래서 오늘 본문 1절이 매우 중요합니다. 우리 자신을 각성시키고 양심에 찔리는 말씀이라 할지라도 우리는 순종으로 받아들여야 합니다.

그런데 이스라엘 백성들은 하나님의 말씀을 듣는 중, 십계명까지만 듣고 더 이상 들을 수 없다며 나중에 모세를 통해 하나님의 말씀을 듣겠다고 합니다.

출애굽기 20:18~21

뭇 백성이 우레와 번개와 나팔 소리와 산의 연기를 본지라 그들이 볼 때에 떨며 멀리 서서 모세에게 이르되 당신이 우리에게 말씀하소서 우리가 들으리이다 하나님이 우리에게 말씀하시지 말게 하소서 우리가 죽을까 하나이다 모세가 백성에게 이르되 두려워하지 말라 하나님이 임하심은 너희를 시험하고 너희로 경외하여 범죄하지 않게 하려 하심이니라 백성은 멀리 서 있고 모세는 하나님이 계신 흑암으로 가까이 가니라

누가 시킨 것이 아니라 이스라엘 백성 스스로 요청하고 있습니다. 우레와 번개와 나팔 소리와 산의 연기를 보면 두려움에 떨 수밖에 없습니다. 우레와 번개와 나팔소리와 연기는 하나님의 하나님 되

심을 나타내는 것입니다.

우레는 하나님이 강림하시는 소리로, '하나님의 음성'이라는 뜻으로 쓰입니다. 번개는 자연현상이 아니라 창세기 15장 17절에 나오는 '하나님의 횃불', 즉 하나님의 임재의 영광을 표현하는 것입니다. 그리고 나팔소리는 천군천사의 나팔소리로 '하나님의 임재와 하나님께서 큰 심판을 세상에서 이루심'을 뜻합니다.

이러한 하나님의 임재 앞에 이스라엘 백성들은 무서워 떨고 두려워 도망하였습니다. 자신의 추함과 더러움을 깨달았기 때문입니다. 하나님 없는 우리의 모습이 이와 같습니다.

죄의 본성을 가진 인간은 하나님의 임재 없이 자신의 추함을 볼 수 없습니다. 하나님의 임재를 본 이스라엘 백성들은 비로소 자신의 더러움을 깨달았기 때문에 하나님 앞에 설 수 없다고 말합니다. 이것이 우리가 회복되어야 할 모습 곧 '참된 겸손' 진정한 '자기 인정'입니다. '그래도 저 사람보다는 내가 낫다'고 생각하면 자신의 추함과 더러움을 알 수 없습니다. 자신을 바르게 깨달으려면 하나님의 임재의 영광 앞에 서야 합니다.

기독교 사상가인 존 칼빈은 말하길, 회색은 검은 색에 비하면 희게 보이지만 완전한 순백색과 비교할 때 비로소 희지 않다는 것을 알게 된다고 하였습니다. 완전하신 하나님 앞에 서면 나의 회색은 더럽고 추하고 악하다는 것을 알게 됩니다. 우리가 진정으로 하나님 앞에 겸손하려면 그분의 임재를 경험해야 합니다.

하나님의 영광의 빛을 우리에게 비추어 주옵소서. 그리하여 우리 모두가 하나님 앞에 더럽고 추한 존재임을 깨닫게 하시고, 진정으로 하나님의 임재를 경험하게 하옵소서.

우리가 하나님을 만난 척, 겸손의 가면에 갇히지 않게 하옵소서. 하나님 앞에 설 수 없다는 이스라엘 백성들의 심정을, 그 고백을 깨닫게 하옵소서.

하나님의 임재를 실제로 경험하고 피부로 느끼게 하셔서 진정으로 하나님 앞에 겸손할 수 있는 우리가 되기를 간절히 기도합니다.

서언 II _ 나는 너의 하나님이다

출애굽기 20:1~3

하나님이 이 모든 말씀으로 말씀하여 이르시되 **나는 너를 애굽 땅, 종 되었던 집에서 인도하여 낸 네 하나님 여호와니라** 너는 나 외에는 다른 신들을 네게 두지 말라

지난 시간에는 위의 1절을 집중적으로 묵상하면서 '이 모든 말씀으로 말씀하셨다'의 뜻을 되새겨 보았습니다. 크게 두 가지로 나뉩니다.

첫째, 무덤덤하게 넘겼거나 두려워했던, 혹은 스쳐지나간 모든 말씀이 하나님 말씀으로서 동일한 가치가 있다는 것입니다. 말씀을 취사선택하는 근본적인 이유는 내 이익에 따라 말씀을 선별하기 때문입니다. 그러므로 성경의 '이 모든 말씀'을 내 감정이나 이익과 상

관없이 받아들이고 순종해야 합니다.

둘째, '이 모든 말씀'을 이스라엘 백성들은 끝까지 다 듣지 못했다는 것입니다. 그들은 십계명까지만 직접 듣고 나머지는 모세를 통해 듣고자 했습니다. 하나님의 영광의 임재 앞에 선 자기 모습이 너무나 초라하고 추하다는 사실을 깨달았기 때문입니다. 사람들 틈에 있으면 남보다 자신이 더 낫다고 착각하기 쉽습니다. 하지만 하나님 앞에서는 자기 모습을 제대로 알게 됩니다. 우리는 하나님 앞에서 내 모습, 그 실체가 어떠한지 깨달아야 합니다.

하나님은 내가 부를 때 비로서 찾아오시는 분이 아닙니다. 하나님은 이미 내 마음에 와 계십니다. 하나님은 '무소부재' 하시지만 우리가 깨닫지 못하는 것입니다. 나의 무지로 깨닫지 못했던 그 하나님의 임재를 이제 깨달아야 합니다. 기도제목도 내 관점이 아닌 하나님의 시선으로 바라보며 오직 그분께 집중하시기를 바랍니다.

이제 2절을 살펴보겠습니다. 창세기부터 요한계시록까지를 딱 한 구절로 요약한다면 바로 이 말씀이라고 생각합니다.

출애굽기 20:2

나는 너를 애굽 땅, 종 되었던 집에서 인도하여 낸 네 하나님 여호와니라 여기에 세 가지 핵심단어가 있습니다. 바로 '나', '너' 그리고 '네(너의)'입니다. 이 세 개의 단어로서 성경은 창세기부터 요한계시록까지 66권이 하나의 주제를 가진 책으로 묶이게 됩니다.

먼저 '너'라는 단어를 살펴보겠습니다.

'너'를 설명하기 위해 '애굽'이 나옵니다. 그 애굽과 대조를 이루는 '너'가 바로 이스라엘입니다.

애굽은 하나님 없이 번영한 도시, 문명 사회의 대명사입니다. 스스로 목표를 정하고 각자의 필요에 따라 자기만족으로 살아가는 세상입니다. 애굽은 지금의 이집트로, 부유했고 다양한 문화를 꽃피웠습니다. 오늘날의 뉴욕, 파리, 런던, 모스크바, 상하이 등의 도시를 하나로 합친 것처럼 어마어마한 문명을 가졌던 곳. 그곳이 바로 애굽이었습니다. 그 국가의 정점에 서 있는 한 사람이 바로 파라오, 즉 '바로'입니다. 애굽 사람들은 파라오를 태양신 '라(Ra)'의 아들이라 생각했습니다. 애굽은 인간이 '신'처럼 군림하던 국가였습니다. 파라오는 자기 이익을 위해 사람들을 억압하고 착취하며 지배했습니다.

그 애굽이 2절에서 이스라엘과 대조됩니다. '너'라 불리는 이스라엘 백성은 애굽 땅에서 노예의 신분이었습니다. 거기서 억압과 착취를 당하며 하루하루 살던 이스라엘 백성의 모습은 마치 하나님을 알지 못하고 인정하지 않는 이 세상에서 생존을 위해 아등바등 살고 있는 우리와 비슷합니다. 출애굽기 2장 23절 말씀입니다.

> 여러 해 후에 애굽 왕은 죽었고 이스라엘 자손은 고된 노동으로
> 말미암아 탄식하며 부르짖으니 그 고된 노동으로 말미암아 부르
> 짖는 소리가 하나님께 상달된지라

새겨보아야 할 것은 그냥 부르짖는 정도가 아니라 울부짖는 것입니다. 당시 이스라엘 백성이 이처럼 살려달라고 울부짖었던 상황의 의미를 살펴보겠습니다.

이스라엘 백성들은 자신의 본질을 잊었습니다. 그들은 '하나님을 경외하고 예배해야 하는 사람'입니다. 그러나 이스라엘은 그것을 위해 부르짖지 않았습니다. 스스로 어떤 존재인지 깨닫고 본질의 회복을 위해 부르짖은 것이 아닙니다. 그들은 그저 자신의 생존을 위해 고생을 덜어달라며 부르짖은 것입니다. 그냥 여기서 누릴 것 누리고 얻을 것 얻으며 살고 싶다는 의미로 부르짖었습니다.

수탈과 억압과 착취를 당하면서도 스스로를 위해 아무것도 할 수 없는 무능력한 존재. 이것이 바로 애굽 땅의 종이었던 '너'의 모습입니다.

이런 '너'에 비해 '나'는 어떤 분이십니까?

2절에서는 '나'에 대해 '인도'해 냈다고 합니다. 즉, '나'인 하나님

께서 '너'인 이스라엘 백성들을 애굽에서 인도했다고 설명하는 것입니다.

'인도'에는 출애굽기 1장에서 19장까지의 내용이 함축되어 있습니다. '인도하다'에는 두 가지 의미가 있습니다. 첫째는 애굽의 권세와 능력을 깨뜨렸다는 것이며, 둘째는 자신이 누구인지도 모르는 이스라엘 백성들을 하나님께서 정하신 목적지까지 데려가시고야 만다는 것입니다.

이스라엘을 인도하기 위해 하나님께서는 애굽에 열 가지 재앙을 내리셨습니다. 그 마지막에는 동물에서 사람에 이르는 모든 장자를 죽이셨습니다. 또한 홍해를 가르시고, 만나와 메추라기로 먹이시고, 큰 바위에서 강처럼 맑은 물을 내시면서 그들을 인도하셨습니다.

그러나 이스라엘 백성들의 원망과 불신은 계속되었습니다. 그들은 왜 부름 받았는지도 모르면서 끊임없이 투덜거리면서 애굽으로 돌아가려고만 했습니다. 마치 왜 저를 부르셨냐며 원망하는 우리의 모습과 같습니다.

그렇게 채워 주시고 입혀 주심에도 불구하고 끊임이 없는 이스라엘 백성들의 불평과 불신을 감수하고 계시는 하나님의 모습이 '인도'라는 단어에 담겼습니다. '너를 인도하였다'는 표현에는 그러한 하나님의 수고가 포함됩니다.

사탄의 권세에서 인류를 구원하시기 위해 아들을 십자가에 못 박는 '수고', 왜 가야 하는지 이유를 알지 못하는 우리를 '이끌어 주심',

지금 당장 나에게 필요한 것들만 채워 주시기를 원하는 우리를 '이 끄시는 과정'까지 '나' 곧 인도하는 하나님으로 표현하십니다.

그렇다면, 그 하나님이 우리에게 어떤 유익이 되십니까?

창조주와 주권자이신 그분이 바로 '너', 이스라엘의 하나님이라는 것입니다. 그렇게 너희를 인도해 낸 '나'는 바로 '너의' 하나님이라고 하십니다. 애굽에서 '너'를 인도해 낸 '나'는 바로 '너의' 하나님, 즉 '너의 아버지'가 되신다는 것입니다.

이제 그분이 '나의 하나님'이시기 때문에 1절의 '이 모든 말씀'이 나에게 주시는 아버지의 말씀이 됩니다. 내가 써놓고 기억하지 못하는 기도제목까지 기억하시고 일하시는 그 성실하신 하나님이 바로 '나의 하나님'이십니다.

애굽의 종이었던 '너'를 인도한 '나'는 '너의' 하나님이라고 말씀하십니다. 이것이 믿음의 원칙입니다. 그 주권자가 바로 우리의 아버지입니다. '이 모든 말씀'은 공자, 맹자 같은 현인들의 말과 이 점에서 다릅니다. 살아계신 나의 아버지께서 자녀인 나에게 주시는 말씀이기 때문입니다. 그래서 이 말씀은 신약 시대를 살고 있는 우리에게도 여전히 가치가 있는 것입니다.

혹시 그분이 나의 하나님이신 것을 부끄러워하지는 않았습니까?

어떤 모임에서라도 자신을 '하나님 믿는 사람', '그리스도께 속한 사람'이라고 떳떳이 고백할 수 있습니까? 내 주인이 하나님이시라고 자랑할 수 있게 되기를 원합니다. 또 당당할 수 있기를 원합니다. 이 것은 우리의 바람이 아닙니다. 하나님이 그 고백을 원하십니다.

하나님은 이스라엘 백성들에게 '나는 너의 하나님이다'라고 말씀 하셨습니다.

그리고 지금 우리에게 동일하게 말씀하십니다.

'나는 바로 너, 너의 하나님이다'

이 소망을 붙들고 '나의 하나님'과 늘 함께하시기를 바랍니다. 

제1계명 _ 오직 하나님과 눈을 맞추며

출애굽기 20:1~3

하나님이 이 모든 말씀으로 말씀하여 이르시되 나는 너를 애굽 땅, 종 되었던 집에서 인도하여 낸 네 하나님 여호와니라 **너는 나 외에는 다른 신들을 네게 두지 말라**

앞서 십계명의 서언 부분에 대해 나누면서 하나님께서 이스라엘 백성을 어떻게 준비시키시고 인도하셨는지 알아보았습니다. 이후 하나님께서는 이스라엘을 가리켜 하나님의 '세굴라(히브리어 segullah ; 보석)'라고 하시며 십계명을 주십니다. 십계명은 구원의 방법이 아닙니다. 하나님은 계명을 잘 지켜야 내 백성으로 삼겠다고 하시지 않았습니다. 그분은 이스라엘을 이미 백성 삼으셨기 때문에 은혜의 길을 열기 위해 십계명을 주신 것입니다.

율법은 하나님과의 관계를 유지시킵니다.

신앙의 본질은 '관계'입니다. 하나님과의 관계가 좋아야 '신앙이 좋다'고 할 수 있고, 그분과 원만하지 않으면 '신앙이 좋지 않다'고 하는 것입니다. 말씀의 길을 통해 하나님과의 관계가 유지될 수 있기 때문에 우리는 그 길을 잘 걸어가야 합니다. 이것을 위해 하나님은 율법을 주셨고 그 안에 십계명이 있습니다. 그래서 이제부터 한 계명씩 살펴보려 합니다.

먼저 십계명의 구조를 알아보겠습니다.

제1에서 4계명은 하나님과의 관계를, 제5에서 10계명은 사람과의 관계를 다룹니다. 하나님 앞에서 인간답고 가치 있는 삶을 살려면 이 두 가지 관계가 모두 필요합니다.

하나님과의 관계는 다른 말로 '예배'라고 할 수 있습니다. 즉 사랑의 표현입니다. 제1계명에서 제4계명은 바른 예배를 가르쳐줍니다. 제1계명은 우리가 예배해야 할 대상을, 제2계명은 바른 예배의 방법을 설명합니다. 제3계명은 예배에 대한 자세와 태도를, 그리고 제4계명은 예배의 궁극적인 목표에 도달하는 방법을 알려줍니다.

이어지는 제5계명에서 제10계명은 일상생활에서 무엇으로 삶을 채울 것인지에 대해 다룹니다.

하나님에 대한 사랑을 어떻게 표현할 수 있을까요. '하나님, 사랑합니다!'라고 외치는 것만이 아닙니다. 진정으로 하나님을 사랑한다면 제1에서 4계명이 삶에 담겨야 합니다. 하나님이 주신 이 십계명을 마치 동물을 훈련시키듯 우리를 힘들게 훈련시키고 통제하기 위한 수단이라고 생각하기 쉽습니다. 그러나 십계명 즉, 율법은 통제의 수단이 아니라 사랑의 표현입니다.

예수님은 '주기도문'으로 기도의 방법을 알려주셨습니다. 주기도문도 크게 두 가지 부분으로 나뉩니다.

마태복음 6:9~10

하늘에 계신 우리 아버지여 이름이 거룩히 여김을 받으시오며 나라가 임하시오며 뜻이 하늘에서 이루어진 것 같이 땅에서도 이루어지이다

이 부분은 하나님에 대한 사랑을 담은 것입니다.

마태복음 6:11~13

오늘 우리에게 일용할 양식을 주시옵고 우리가 우리에게 죄 지은 자를 사하여 준 것 같이 우리 죄를 사하여 주시옵고 우리를 시험에 들게 하지 마시옵고 다만 악에서 구하시옵소서

여기서는 '나'가 아닌 '우리'로 표현하며 공동체에 대한 청원과 이웃에 대한 사랑을 나타냅니다. 십계명도 주기도문과 마찬가지로 하나님과의 관계, 사람과의 관계를 설명합니다. 그리고 그 속에는 사랑이 있습니다. 마태복음 22장 37~40절을 보겠습니다.

> 예수께서 이르시되 네 마음을 다하고 목숨을 다하고 뜻을 다하여 주 너의 하나님을 사랑하라 하셨으니 이것이 크고 첫째 되는 계명이요 둘째도 그와 같으니 네 이웃을 네 자신 같이 사랑하라 하셨으니 이 두 계명이 온 율법과 선지자의 강령이니라

십계명을 두 가지로 줄이면 '주 너희 하나님을 사랑하라'와 '네 이웃을 네 자신 같이 사랑하라'가 됩니다. 하나님과 이웃을 사랑하는 것이 곧 율법입니다. 사도 바울은 로마서 13장 8절에서 '피차 사랑의 빚 외에는 아무에게든지 아무 빚도 지지 말라 남을 사랑하는 자는 율법을 다 이루었느니라'고 말합니다. 율법의 완성은 사랑이라는 것입니다.

갈라디아서 5장 14절에서는 '온 율법은 네 이웃 사랑하기를 네 자신 같이 하라 하신 한 말씀에서 이루어졌나니'라고 말합니다. 사랑은 모든 율법을 다 지키는 방법입니다. 다시 말해, 성경의 약 670개에 달하는 모든 율법은 '네 이웃 사랑하기를 네 자신 같이 하라'는

한 구절로 요약되는 것입니다.

야고보 사도는 야고보서 2장 8절에 '너희가 만일 성경에 기록된 대로 네 이웃 사랑하기를 네 몸과 같이 하라 하신 최고의 법을 지키면 잘하는 것이거니와'라고 말합니다. 이웃을 사랑하는 것이 최고의 법이라고 강조하고 있습니다.

이것이 십계명의 정신입니다.

제1계명을 살펴보겠습니다.

'너는 나 외에는 다른 신들을 네게 두지 말라'

여기서 '나'는 유일하신 하나님으로 해석됩니다. 하나님은 유일하시다는 것입니다. 성경을 보면 '나'에 대한 각주로 '(히) 내 앞에'가 나옵니다. '내 앞에'라는 단어의 히브리 원어는 '알 파님' 즉 '하나님의 얼굴 앞에서'라는 뜻입니다. 다시 말하면 '내 얼굴 앞에 다른 신을 두지 말라'는 의미입니다. 너와 나 사이에 다른 신을 두지 말라고 하시며 너는 나와 눈이 마주쳐야 한다고 말씀하시는 것입니다.

그 이유는 궁극적인 목적지인 가나안을 염두에 두셨기 때문입니다. 이스라엘 백성들은 출애굽 이후 광야에 머문 상태입니다. 그들이 가야 할 가나안의 원주민들은 바알(Baal)과 아스다롯(Ashtoreth)을 섬겼습니다. 바알은 대지를 윤택하게 하는 태양과 비를 관장하는 신으로 풍요의 상징이었습니다. 가나안 사람들은 농사를 위해 바알과 아스다롯을 섬기며 풍요를 기원했습니다. 예배의 일환으로 문란한 축제를 벌이는 문화도 있었습니다. 그래서 하나님께서는 이스라엘 백성들이 가나안의 이방신과 문화에 빠지지 않도록 다른 신을 섬기지 말라고 분명하게 말씀하신 것입니다.

이스라엘은 여호와를 완전히 버리지 않았습니다. 그들의 진짜 문제는 여호와를 섬기는 동시에 바알과 아스다롯도 섬겼다는 것입니다. 하나님을 믿는 신앙도 풍요로운 삶도 포기하지 못했습니다. plan A와 plan B까지 다 갖겠다는 것입니다. 하나님이 원하지 않는 방법을 써서라도 자기의 풍요를 이루려는 태도였습니다. 풍요로워질 수만 있다면 여호와를 섬기든 바알을 섬기든 상관없다는 것입니다. 그 대표적인 예가 있습니다. 열왕기상 18장 21절에 나오는 이스라엘 백성입니다.

열왕기상 18: 21

엘리야가 모든 백성에게 가까이 나아가 이르되 너희가 어느 때까지 둘 사이에서 머뭇머뭇 하려느냐 여호와가 만일 하나님이면 그를 따르고 바알이 만일 하나님이면 그를 따를지니라 하니 백성이 말 한마디도 대답하지 아니하는지라

그들이 한 마디도 대답하지 못한 이유가 무엇입니까. 이스라엘은 아직도 '여호와든지, 바알이든지 나에게 풍요만 채워달라'는 식으로

살았기 때문입니다. 복만 내려주면 내가 제사를 드리겠다는 것입니다. 그들은 여호와 하나님을 하나의 수단과 방법으로 전락시켰습니다. 마치 부하직원이나 하인쯤으로 여긴 것과 같습니다. 어떻게든 풍요로워지려고 불신앙도 마다하지 않은 것입니다.

이 구절에서 엘리야를 눈여겨보아야 합니다. '엘리야'는 '나의 하나님은 여호와 한 분이시다'라는 뜻의 이름입니다. 바로 하나님께서 이스라엘에게 주시는 메시지였습니다. 그들은 혼합주의에 젖어 있었기 때문입니다.

그렇다면 지금 우리는 어떻습니까?

이 시대의 바알은 '맘몬주의(Mammonism)'입니다. 책 「교회 다니면서 십계명도 몰라?」의 저자 차준희 교수는 하버드대학의 종교사회학 교수 하비 콕스의 강연을 다음과 같이 전합니다.

지난 20세기는 이데올로기로 갈등을 빚는 시대였습니다. 이제 21세기의 기준은 오직 돈, 즉 '경제'가 될 것입니다. 경제를 최우선의 가치로 보는 시장(Market)의 신이 바로 21세기의 바알입니다.

1996년 하비 콕스 교수가 21세기를 예견한 말입니다. 어떻게 생각하십니까? 이제 우리는 돈을 쥘 수만 있다면 적군과 아군이 뒤바뀌는 시대를 살고 있다고 합니다. 오늘날 그리스도인들은 여호와 하나님과 돈의 신, 곧 현대의 바알을 함께 섬긴다는 것입니다.

그러나 예수님은 마태복음 6장 24절을 통해 분명하게 말씀하십니다.

한 사람이 두 주인을 섬기지 못할 것이니 혹 이를 미워하고 저를 사랑하거나 혹 이를 중히 여기고 저를 경히 여김이라 너희가 하나님과 재물을 겸하여 섬기지 못하느니라

여기에 나오는 '재물'이 헬라어로 맘몬(mammon)입니다. 헬라어의 아만(aman)은 '신뢰하다' '의지하다'라는 뜻입니다. 우리가 잘 아는 '아멘(amen)'도 여기서 나온 말입니다. '아멘'은 동의와 신뢰를 뜻합니다. 그런데 '맘몬'도 마찬가지로 '아만'이라는 단어에서 파생되었습니다. 돈을 신뢰한다는 뜻입니다. 부동산을 영어로 'realty'라 하는 것도 이와 비슷합니다. 부동산은 '실제'한다는 것입니다.

우리는 하나님과 맘몬 사이에서 무엇이 나를 더 안전하게 지켜 줄지, 무엇을 더 의지해야 할지 저울질합니다. 깨닫지 못하는 사이에 이미 혼합되었습니다. 그러나 하나님께서는 분명히 말씀하십니다. 너희가 나와 눈을 맞춰야 한다고 말입니다.

게임에 중독된 아이들은 부모와 눈을 마주치지 않습니다. 게임을

마치 실제인 것으로 착각하면서 현실과 눈을 못 맞추게 된 것입니다. 그러나 컴퓨터 전원을 끄면 그 모든 것이 사라지듯, 사람의 인생도 하나님께서 'power off'하시면 모든 것이 허상이 됩니다. 우리가 그토록 매달리며 갖고자 했던 모든 것들이 무가치해집니다.

하나님은 내가 눈을 맞추어야 할 대상이 바로 '나' 하나님이신 것을 깨닫게 하십니다. 진정한 생명의 길은 '맘몬'이 아니라 '하나님과 눈을 맞추는 것'에 있습니다. 인생의 전원이 꺼지는 순간 모든 것은 소멸되기 때문입니다. 하나님 아버지께서는 내가 그분과 눈 맞추길 소망하십니다. 그래서 나에게 참 생명을 주고자 하십니다. 우리는 하나님의 '세굴라', 보석입니다. 이 사실에서 진정한 가치를 발견하십시오.

맘몬의 유혹으로부터 그 누구도 자유로울 수 없습니다. 그러나 하나님과 눈을 맞추는 자는 그것을 이기고 다스릴 수 있습니다.

우리는 그 무엇도 영원히 소유할 수 없습니다.

오직 하나님과 눈을 맞추며 뜨겁게 사랑하시기 바랍니다.

제2계명 _ 하나님 앞에 가까이 나아가는 삶

출애굽기 20:1~6

하나님이 이 모든 말씀으로 말씀하여 이르시되 나는 너를 애굽 땅, 종 되었던 집에서 인도하여 낸 네 하나님 여호와니라 너는 나 외에는 다른 신들을 네게 두지 말라 **너를 위하여 새긴 우상을 만들지 말고 또 위로 하늘에 있는 것이나 아래로 땅에 있는 것이나 땅 아래 물 속에 있는 것의 어떤 형상도 만들지 말며 그것들에게 절하지 말며 그것들을 섬기지 말라 나 네 하나님 여호와는 질투하는 하나님인즉 나를 미워하는 자의 죄를 갚되 아버지로부터 아들에게로 삼사 대까지 이르게 하거니와 나를 사랑하고 내 계명을 지키는 자에게는 천 대까지 은혜를 베푸느니라**

앞서 십계명의 제1계명을 살펴보면서 '너는 나 외에는 다른 신들을 네게 두지 말라'는 말씀을 나누었습니다. 여기서 '나 외에는'의 뜻은 '하나님 얼굴 앞에서'라는 뜻으로 하나님과 우리 사이에 무엇도 끼어들지 않게 하라는 말씀입니다. 다시 말해 바로 내가 하나님과 눈을 맞춰야 한다는 것입니다. 그 하나님을 향한 사랑의 표현이 바로 예배인 것을 배웠습니다.

제2계명에 대해 나누기 전에, 위 본문에 대한 해설과 같은 구절을 먼저 소개하겠습니다.

신명기 4:15~24

여호와께서 호렙 산 불길 중에서 너희에게 말씀하시던 날에 너희가 어떤 형상도 보지 못하였은즉 너희는 깊이 삼가라 그리하여 스스로 부패하여 자기를 위해 어떤 형상대로든지 우상을 새겨 만들지 말라 남자의 형상이든지, 여자의 형상이든지, 땅 위에 있는 어떤 짐승의 형상이든지, 하늘을 나는 날개 가진 어떤 새의 형상이든지, 땅 위에 기는 어떤 곤충의 형상이든지, 땅 아래 물 속에 있는 어떤 어족의 형상이든지 만들지 말라 또 그리하여 네가 하늘을 향하여 눈을 들어 해와 달과 별들, 하늘 위의 모든 천체 곧 너희의 하나님 여호와께서 천하 만민을 위하여 배정하신 것을 보고 미혹하여 그것에 경배하며 섬기지 말라 여호와께서 너희를 택하시고 너희를 쇠 풀무불 곧 애굽에서 인도하여 내사 자기 기업의 백성을 삼으신 것이 오늘과 같아도 여호와께서 너희로 말미암아 내게 진노하사 내게 요단을 건너지 못하며 네 하나님 여호와께서 네게 기업으로 주신 그 아름다운 땅에 들어가지 못하게 하리라고 맹세하셨은즉 나는 이 땅에서 죽고 요단을 건너지 못하려니와 너희는 건너가서 그 아름다운 땅을 얻으리니 너희는 스스로 삼가 너희의 하나님 여호와께서 너희와 세우신 언약을 잊지 말고 네 하나님 여호와께서 금하신 어떤 형상의 우상도 조각하지 말라 네 하나님 여호와는 소멸하는 불이시요 질투하시는 하나님이시니라

여호와 하나님을 경외하며 섬기는 우리에게 두 번째 계명을 주십니다. 이 말씀에서 그분이 어떻게 나타나셨는지 살펴봐야 합니다. 15절을 보면 '여호와께서 호렙 산 불길 중에서 너희에게 말씀하시던 날에 너희가 어떤 형상도 보지 못하였은즉 너희는 깊이 삼가라'라고 모세는 말합니다. 즉, 이스라엘이 경험했던 하나님은 어떤 형상이 아니었음을 강조하는 것입니다.

백성들은 하나님이 시내산에서 완전한 흑암 중에 말씀으로 임재하신 것을 기억했습니다. 그런데 완전한 빛이신 하나님께서 어째서 음성만으로 나타나셨을까요? 인간이 하나님에 대해 추측하지 못하게 하시려고 본질을 보여주지 않으셨습니다. 그래서 형상이 아닌 음성으로 나타나신 것입니다. 인간은 자신이 눈으로 본 것이 본질이라

판단합니다. 은혜를 받아도 자기 방식대로 하나님을 이해하려고 합니다.

천주교와 개신교의 차이가 여기에 있습니다. 천주교는 성모상, 성화(聖畵: a religious picture) 등으로 신을 형상화 합니다. 하지만 개신교는 보이는 것보다 들리는 것에 집중합니다. 왜냐하면 하나님은 말씀하시는 하나님으로 나타나셨기 때문입니다. 그분은 '듣고 깨달으라'고 하셨습니다. 따라서 우리는 말씀을 통해 하나님의 임재와 현현(顯現: manifestation)을 경험해야 합니다.

그런데도 인간이 하나님을 형상화 하려는 이유는 무엇일까요?

첫째, 자신이 믿는 대상이 어떤 형상이나 모양을 갖추고 있어야 섬기기 편하기 때문입니다. 신이 어떤 구체적인 형상을 가졌다면 그 형상이 있는 곳으로 가면 됩니다. 이런 사고방식은 무소부재하신 하나님의 능력을 우리 마음대로 축소시키고 국한시킨다는 점에서 문제가 있습니다. 하나님을 제한(localization motive)하는 것입니다. 집보다 교회에서 더 기도가 잘 되고, 교회보다 기도원에서 기도하는 게 좋다고 흔히들 생각합니다. 하지만 집중력에 따른 차이가 있을 뿐입니다.

둘째, 믿음의 대상에게 형상이 있을 때 인간은 그것을 손에 잡으려 하기 때문입니다. 그래서 신의 형상을 보면 마음대로 컨트롤하려 합니다. 즉, 하나님을 조종하려는 것(manipulation motive)입니다. 하나님을 자신의 뜻대로 움직이려는 욕망을 갖게 됩니다.

그 대표적인 인물이 '가인'입니다. 그는 아벨의 제사만 받고 자신의 제사를 받지 않은 하나님을 향해 분노했습니다. 어떤 성경학자들은 아벨이 '피의 제사'를, 가인은 '피 없는 제사'를 드렸기 때문이라고 해석하기도 합니다. 하지만 성경에는 곡식으로 드리는 '소제'가 있기 때문에 설득력이 약합니다. 이것은 그저 하나님께서 아벨의 제사를 인정하시고 가인의 제사는 인정하지 않으신 결과입니다. 제사를 받고 안 받고는 오직 하나님께서 결정하십니다. 그러나 가인은 자신의 제사를 받지 않으신 하나님께 분노하는 것입니다. 그래서 실은 하나님을 죽이고 싶었지만 그럴 수 없었기 때문에 아벨을 죽인 것입니다.

이런 이유로 하나님은 본질을 보이지 않으시고 형상 또한 만들지 말라고 하십니다. 출애굽기20장 4~5절 상반절을 다시 보겠습니다.

출애굽기 20:4~5

너를 위하여 새긴 우상을 만들지 말고 또 위로 하늘에 있는 것이나 아래로 땅에 있는 것이나 땅 아래 물 속에 있는 것의 어떤 형상도 만들지 말며 그것들에게 절하지 말며 그것들을 섬기지 말라

이 말씀에 중요한 동사가 세 가지 나옵니다. '만들지 말고', '절하

지 말며' 그리고 '섬기지 말라'입니다. 서로 비슷한 의미인 것 같지만, 단계의 차이가 있습니다.

'만들다'의 주체는 '나'입니다. 내가 만들었으니 주도권도 내게 있습니다. '절하다'는 엎드린다는 뜻입니다. 그 다음은 '섬기다'로, 주도권을 쥐었던 내가 결국 '노예'로 전락하는 단계입니다.

이 같은 단계를 잘 설명해 주는 말씀이 있습니다.

> 시편 1:1
>
> 복 있는 사람은 악인들의 꾀를 따르지 아니하며 죄인들의 길에 서지 아니하며 오만한 자들의 자리에 앉지 아니하고

'악인들의 꾀를 따르는' 것은 생각에서 출발합니다. '죄인의 길'은 죄로 향하는 방법을 가리킵니다. '오만한 자들의 자리'는 악인의 꾀에 들러붙어 죄와 일체가 되는 것을 뜻합니다. 마찬가지로, 우상을 만드는 사람은 자기 생각에서 비롯된 죄에 완전히 사로잡혀 죄의 노예가 되는 것입니다.

하나님은 그분의 형상을 닮은 고귀한 존재로 인간을 만드셨습니다. 이미 하나님을 닮은 우리가 다른 형상과 우상을 만들고 절하는 이유는 무엇일까요?

다시 본문의 4절을 보면 '너를 위하여 새긴 우상'이라는 구절이 나옵니다. 이 말인즉슨 사람들은 바로 자신을 위해 우상을 만든다는 것입니다. 하나님을 위한 것이 아닙니다. 그렇기 때문에 하나님은 우상을 만들지 말라는 명령을 주신 것입니다. 물론 하나님은 내가 나를 위하는 것을 좋게 보십니다. 다만 나는 진정으로 나를 위한 길을 찾지 못하기 때문에 문제가 됩니다. 건강과 재물, 사회적 관계, 인격적 관계는 우리에게 필요한 것들이지만 그것이 나의 근본적 필요를 채우지는 못합니다. 나를 위해 무언가 해줄 사람을 기대하고 찾지만 결국 기대했던 사람에게 실망하게 됩니다. 그래서 자꾸 다른 형상이나 우상에게 기대려 하는 것입니다. 이스라엘 백성들의 모습도 이와 같았습니다.

하나님께서는 너를 위해 너의 근본적인 필요를 채울 수 있는 존재는 오직 하나님 한 분밖에 없다고 말씀하십니다. 사람은 대신 해줄 수 없습니다.

사람에게서 만족을 얻으려 했던 한 사람이 있었습니다. 바로 예수님을 만난 수가성의 사마리아 여인(요한복음 4장)입니다.

예수님이 우물가에서 물을 달라고 하셨을 때, 그녀는 유대인이 사마리아인에게 왜 말을 거는지 되묻습니다. 예수님은 자신이 누구인지 안다면 네가 나에게 물을 달라하였을 것이고 생수를 얻었을 것이라고 말씀하십니다. 이에 사마리아 여인은 이 우물은 야곱에게 물려

받은 것인데 당신이 야곱보다 크냐고 묻습니다. 예수님은 '이 물을 마시는 자마다 다시 목마르려니와 내가 주는 물을 마시는 자는 영원히 목마르지 아니할 것'이라고 말씀하셨고, 사마리아 여인은 그런 물을 내게도 달라고 합니다.

그 때 예수님은 가서 네 남편을 데려오라고 하십니다. 여인은 남편이 없다고 대답합니다. 예수님은 그 여인에게 네 대답이 옳다고 하시며, 네게 남편이 다섯 있었고 지금 사는 사람도 네 남편이 아니라고 말씀하십니다. 지금의 남편도 너의 필요를 채워 주지 못한다는 의미입니다. 여기서 두 사람의 화제는 예배로 전환됩니다. 예수님은 '하나님은 영이시니 예배하는 자가 영과 진리로 예배할지니라(24절)'고 말씀하셨습니다. 여인의 근본적인 필요를 채울 수 있는 것은 남편이 아니라 하나님이심을 가르치고 계십니다.

나의 필요는 오직 하나님만이 채우실 수 있습니다. 형상을 가진 무언가가 나를 채워주는 게 아닙니다. 온 마음으로 하나님 앞에 나아가십시오. 그것이 진정한 만족을 얻을 수 있는 유일한 길입니다.

조금 전 출애굽기 20장 4절에서 '너를 위하여'를 짚어 보았는데, 이번에는 6절을 살펴보겠습니다.

'나를 사랑하고 내 계명을 지키는 자에게는 천 대까지 은혜를 베푸느니라'

제2계명의 핵심은 우상숭배를 금지하는 것만이 아닙니다. 정말로 너 자신을 위한다면 '나', 곧 하나님 앞으로 나아오라는 것입니다. 하나님 앞에 가까이 나아가는 삶, 그 말씀에 순종하는 삶에 진정한 행복이 있습니다.

사람을 통해서 만족과 위로를 얻고 싶었지만 도리어 손가락질만 당해야 했던 사마리아 여인은 예수님을 만남으로써 비로소 참된 만족을 얻게 되었습니다.

진정으로 자기 자신을 위하는 길이 예수 그리스도께 있음을 깨달은 그녀는 남은 생애 동안 자신에게 참 만족을 주신 바로 그 예수님을 전했습니다.

나 자신을 제대로 위하려면 살아 계신 하나님 앞에 나와야 합니다. 하나님을 사랑하고 그분의 계명을 지키는 자에게는 천 대까지 은혜를 베푸시는 하나님. 그분이 채우시고 돌보시는 풍성한 은혜를 누리시기 바랍니다.

제3계명 ㅣ_이름을 부를 수 있는 친밀한 관계

출애굽기 20:1~7

하나님이 이 모든 말씀으로 말씀하여 이르시되 나는 너를 애굽 땅, 종 되었던 집에서 인도하여 낸 네 하나님 여호와니라 너는 나 외에는 다른 신들을 네게 두지 말라 너를 위하여 새긴 우상을 만들지 말고 또 위로 하늘에 있는 것이나 아래로 땅에 있는 것이나 땅 아래 물 속에 있는 것의 어떤 형상도 만들지 말며 그것들에게 절하지 말며 그것들을 섬기지 말라 나 네 하나님 여호와는 질투하는 하나님인즉 나를 미워하는 자의 죄를 갚되 아버지로부터 아들에게로 삼사 대까지 이르게 하거니와 나를 사랑하고 내 계명을 지키는 자에게는 천 대까지 은혜를 베푸느니라 **너는 네 하나님 여호와의 이름을 망령되게 부르지 말라** 여호와는 그의 이름을 망령되게 부르는 자를 죄 없다 하지 아니하리라

십계명은 우리에게 주어진 명령이기도 하면서 하나님과의 관계, 이웃과의 관계를 어떻게 할 것인가에 대한 방법을 알려주는 것이며, 그 목적은 하나님을 기쁘시게 하기 위한 것입니다.

첫째 계명 '나 외에는 다른 신들을 네게 두지 말라'와 둘째 계명 '너를 위하여 새긴 어떤 형상도 만들지 말고 그 앞에 절하지 말라'에 이은 세 번째 계명에 대해 나누겠습니다.

제3계명은 좀 특이하다는 생각이 듭니다. 첫 번째와 두 번째는 쉽게 납득할 수 있었는데, 세 번째 계명에서는 왜 갑자기 하나님의 이름에 대해 말씀하셨을까요.

하지만 이 짧은 말씀 속에 얼마나 많은 의미와 진리가 담겼는지 알수록 놀랍습니다. 그래서 이름을 부른다는 것에 어떤 의미가 있는지 깊이 살펴보려고 합니다.

본문은 '너는 네 하나님 여호와의 이름을 망령되게 부르지 말라'고 나옵니다. '여호와의 이름'이 아니라 '네 하나님 여호와의 이름'입니다. 이 둘에 어떤 차이가 있을까요. 여호와의 이름을 망령되게 부르지 말라고 하면 그분은 그저 절대적 신으로서만 해석될 것입니다. 그러면 나와 관계가 없는 3인칭이 됩니다. 그런데 하나님께서는 '네 하나님 여호와의 이름'이라고 분명하게 말씀하십니다. 다시 말해 '너'와 '나'로 설명되는 관계, 그 관계 속의 존재로서 여호와의 이름을 망령되이 부르지 말라고 말씀하시는 것입니다. 이것은 법령이 아님니다. '너'의 하나님을 함부로 부르지 말라는 것입니다.

왜 이름일까요?

이름은 사물이나 대상을 부를 때 사용하는 고유명사입니다. 하지만 성경에서 이름은 그 이상의 의미가 있습니다.

이름은 독특하고 구별성이 있는 단어입니다. 이름은 각각의 사람을 구별하고 특별한 존재가 되게 합니다. 조직 내의 동명이인에게 이름 뒤에 A, B와 같은 기호를 붙이는 것처럼, 이름은 각 사람의 존재를 특정합니다. 처음 만나는 사람에게 이름을 먼저 묻는 것도 마찬가지입니다. 이름은 그 사람의 존재 자체를 의미하기 때문에 그의 이름을 부를 수 있다면 어떤 '관계'가 시작된 것과 같습니다. 따라서 상대방의 이름을 함부로 부르면 그의 인격과 존재 자체를 모독하게 됩니다. 하나님의 이름을 함부로 잘못 부른다면 하나님의 존재 자체를 모독하게 되는 것입니다.

성경에서는 이름에 존재의 본질과 사명을 부여하기도 합니다.

하나님께서 처음 창조하신 아담(Adam)은 히브리어로 '사람'이란 뜻의 명사입니다. 이는 본래 흙이라는 뜻의 'adama'에서 유래했습니다. 하나님이 처음 사람을 'Adam'이라 부르신 것은 그에게 '흙'이라는 본질을 알려주시려 했기 때문입니다. 'human'의 어원은 라틴어 'humos'에서 나온 것으로, 역시 '흙'이라는 뜻입니다.

어째서 사람을 '흙'이라 부르게 됐을까요?

우리는 스스로를 가꾸기도 하고 명품으로 꾸밀 수도 있지만, 본질이 '흙'이라는 사실은 여전합니다. 우리는 진흙으로 빚어진 토기에 지나지 않습니다. 히브리어로 연약한 인간을 표현할 때 '바사르(basar)'라고 합니다. 이는 본래 '살(flesh)(창세기 2:21)'이라는 뜻으로 육체를 말합니다. 즉, 인간은 육체에 호흡이 있는 일시적인 존재라는 것입니다. 코에서 숨이 끊어지는 순간, 육체는 썩고 결국 흙으로 돌아갑니다. 그래서 하나님은 처음 창조하신 사람을 가리켜 '흙', 즉 'Adam'으로 부르셨습니다. 하나님과 바른 관계를 맺지 않는다면 그저 흙으로 끝날 존재라는 것입니다.

두 번째로 창조하신 사람, 여자에게는 조금 더 좋은 이름을 주십니다. '하와(히:Châvvah, 라틴:Eve)'는 '모든 산 자의 어머니(창세기 3:20)'라는 뜻입니다. 생명, 즉 살아있다는 의미입니다. 그 후손의 후손까지 그 생명이 계속 이어질 것을 의미합니다.

본문을 기록한 '모세(Moses)'는 그를 키운 애굽의 공주가 지은 이름입니다. 원래 의미는 '그를 물에서 건져내었다(출애굽기 2:10)'는 것이었으나, 이스라엘 백성을 애굽에서 건져내어야 하는 그의 사명 또한 담겼다고 볼 수 있습니다.

'예수(Jesus)'의 뜻은 '구원자'입니다. 마태복음 1장 21절 '이는 그가 자기 백성을 그들의 죄에서 구원할 자이심이라'에서 볼 수 있듯

이 그분의 이름은 사명을 의미했습니다.

성경에는 특별한 의미의 이름도 있습니다.
'이삭(Isaac)'은 웃음을 뜻합니다. 평범한 웃음이 아니라 불신의 뜻이 담긴 비웃음이었습니다.

아브라함이 엎드려 웃으며 마음속으로 이르되 백 세 된 사람이 어찌 자식을 낳을까 사라는 구십 세니 어찌 출산하리요 하고

이처럼 아브라함은 하나님의 말씀을 믿을 수 없어서 불신의 웃음을 지었습니다. 그래서 하나님께서는 아브라함의 아들을 '이삭'이라 하셨습니다. 결정적인 순간에 하나님을 믿지 못하고 웃으며 불신했다는 지적이 담겨 있습니다. 그럼에도 하나님께서는 아브라함에게 아들 이삭을 주시고 언약을 이루셨습니다.

아브라함은 이삭을 부를 때마다 하나님을 불신했던 과거를 떠올렸을 것입니다. 아픔을 느끼며 자기 잘못을 매번 깨달았을 것입니다. 하나님께서는 그런 아브라함에게 새로운 기회를 주셨습니다. 모리아 산에서 아들 '이삭'을 제물로 바치라고 하신 것입니다. 모리아 산은 아브라함이 사흘 동안 걸어야 닿을 수 있었습니다. 그 길은 아브라함이 부르심을 따라 평생 내려온 길이기도 했습니다. 사흘 동안

그 길을 걸으며 아브라함은 하나님이 얼마나 믿을 만하시며 신실하신지 떠올렸을 것입니다. 그리고 그가 살아온 과정마다 인도하신 하나님을 깨달았을 것입니다.

성경에 보면 아브라함은 조금의 주저함도 없이 아들을 향해 칼을 내리치려 합니다. 그 순간 여호와의 사자가 다급하게 아브라함을 부릅니다. '사자가 이르시되 그 아이에게 네 손을 대지 말라 그에게 아무 일도 하지 말라 네가 네 아들 네 독자까지도 내게 아끼지 아니하였으니 내가 이제야 네가 하나님을 경외하는 줄을 아노라(창세기 22:12)'라고 말씀하십니다.

어떻게 그럴 수 있었을까요?

사람의 중심을 이미 알고 계신 하나님께서 아브라함이 하나님을 진심으로 사랑하고 있음을 모르셨을까요?

이미 알고 계심에도 '이제야 네가 하나님을 경외하는 줄 알겠다.'고 하십니다. 이삭의 출생의 과정에서 결정적인 순간에 하나님을 믿지 못한 죄책감에 시달리는 아브라함에게 이삭을 바치는 순간은 그가 얼마나 하나님을 신뢰하고 있는지를 선포하는 현장이었습니다. 하나님은 아브라함에게 승리를 주시고 싶었던 것입니다.

이처럼 성경에서는 이름을 함부로 대강 짓지 않습니다. 이름에는 존재의 본질, 사명, 그리고 하나님의 특별한 메시지가 담겼습니다.

우리가 분명히 기억해야 할 것이 있습니다. 제3계명은 '여호와 하나님의 이름을 '부르지 말라'가 아닙니다. '부르지 말라'가 아니고 '망령되게 부르지 말라'는 것입니다. 이름을 부르게 하는 것은 일종의 허락이자 특별한 관계가 형성됨을 의미합니다. 이름을 불러도 될 만큼 가깝고 특별한 관계가 되었다는 것입니다. 이처럼 제3계명은 곧 '내 이름을 불러도 좋은 관계가 되었다'라는 뜻이 됩니다. 바로 하나님께서 나에게 '하나님의 이름'을 부르라고 허락하신 것입니다. 하나님의 이름을 불러도 되는 특별한 관계로 인정하십니다. 그 관계 때문에 우리는 평안을 누리고 그 이름의 능력을 깨닫게 됩니다.

하나님께서 허락하신 이름, 그리고 그 이름을 부를 수 있는 특별한 존재. 이 관계의 비밀을 깨달을 때, 그 이름은 우리에게 힘을 줍니다.

이름에 관한 유명한 시가 있습니다. 김춘수 시인의 '꽃'입니다.

> 내가 그의 이름을 불러 주기 전에는
> 그는 다만 하나의 몸짓에 지나지 않았다
>
> 내가 그의 이름을 불러 주었을 때
> 그는 나에게로 와서 꽃이 되었다

내가 그의 이름을 불러 준 것처럼

나의 이 빛깔과 향기에 알맞은

누가 나의 이름을 불러다오

그에게로 가서 나도

그의 꽃이 되고 싶다

우리들은 모두 무엇이 되고 싶다

너는 나에게 나는 너에게

잊혀지지 않는 하나의 눈짓이 되고 싶다

　　여호와의 이름을 부르는 것은 주술이나 주문이 아닙니다. 이는 하나님과의 관계가 형성되었다는 것이고 하나님의 힘과 능력을 입었다는 뜻입니다.

요엘서 2:28~32

그 후에 내가 내 영을 만민에게 부어 주리니 너희 자녀들이 장래 일을 말할 것이며 너희 늙은이는 꿈을 꾸며 너희 젊은이는 이상을 볼 것이며 그 때에 내가 또 내 영을 남종과 여종에게 부어 줄 것이며 내가 이적을 하늘과 땅에 베풀리니 곧 피와 불과 연기 기둥이라 여호와의 크고 두려운 날이 이르기 전에 해가 어두워지고 달이 핏빛 같이 변하려니와 누구든지 여호와의 이름을 부르는 자는 구원을 얻으리니 이는 나 여호와의 말대로 시온 산과 예루살렘에서 피할 자가 있을 것임이요 남은 자 중에 나 여호와의 부름을 받을 자가 있을 것임이니라

말세에 성령이 임하셔서 기적을 이루시고 심판이 이르는 그 때, 여호와의 이름을 부르는 자는 구원을 얻을 것이라고 말씀하십니다. 누가 그 이름을 부를 수 있습니까? 바로 하나님의 허락을 받은 자들입니다. 하나님과의 특별한 관계를 맺은 사람이 그분의 이름을 부를 수 있습니다. 우리가 여호와의 이름을 부를 수 있다면 그것은 하나님과의 친밀한 관계를 선포하는 동시에 특별한 약속을 받는 것과 같습니다.

이름을 부르는, 그 이름의 능력을 아는 시편기자는 다음과 같이 말합니다.

시편 145:1~2

왕이신 나의 하나님이여 내가 주를 높이고 영원히 주의 이름을 송축하리이다 내가 날마다 주를 송축하며 영원히 주의 이름을 송축하리이다

여호와의 이름을 부르는 자, 그 이름의 능력을 아는 자는 그분의
이름을 송축합니다. 이처럼 날마다 주의 이름을 송축하며 살기를 축
복합니다. 그저 문자를 읽고 주술을 하듯 소리만 내지 마십시오. 여
호와 하나님의 이름을 부를 수 있는 친밀한 관계에 있다는 것을 믿
으며 그분을 부르시기를 바랍니다. 🌰

제3계명 II _ 마음을 다해 여호와의 이름으로 축복하는 것

출애굽기 20:1~7

하나님이 이 모든 말씀으로 말씀하여 이르시되 나는 너를 애굽 땅, 종 되었던 집에서 인도하여 낸 네 하나님 여호와니라 너는 나 외에는 다른 신들을 네게 두지 말라 너를 위하여 새긴 우상을 만들지 말고 또 위로 하늘에 있는 것이나 아래로 땅에 있는 것이나 땅 아래 물 속에 있는 것의 어떤 형상도 만들지 말며 그것들에게 절하지 말며 그것들을 섬기지 말라 나 네 하나님 여호와는 질투하는 하나님인즉 나를 미워하는 자의 죄를 갚되 아버지로부터 아들에게로 삼사 대까지 이르게 하거니와 나를 사랑하고 내 계명을 지키는 자에게는 천 대까지 은혜를 베푸느니라 **너는 네 하나님 여호와의 이름을 망령되게 부르지 말라** 여호와는 그의 이름을 망령되게 부르는 자를 죄 없다 하지 아니하리라

애굽을 나와 약속의 땅에 들어 가기 전에, 하나님은 이스라엘에게 십계명을 주시면서 이제 어떻게 살아야 하는지 알려주십니다. 이 십계명을 통해 하나님이 기뻐하시는 것과 그분의 뜻을 헤아려볼 수 있습니다.

세 번째 계명은 '너는 네 하나님 여호와의 이름을 망령되게 부르지 말라' 입니다.

이름은 존재 자체를 나타내며 다른 것과 구별되는 독특하고 유일한 정체성을 부여합니다. 성경에는 존재의 본질을 알려주는 이름과 사명을 알려주는 이름이 있다는 것을 살펴보았습니다.

우리 모두는 하나님의 이름을 부를 수 있도록 허락 받았습니다.

제3계명은 하나님의 이름 자체를 부르지 말라는 것이 아니라 그분의 영광에 합당하게 부르라는 의미입니다. 하나님의 이름을 부르도록 허락하신 까닭은 우리가 하나님과의 관계 안에 있기 때문입니다. 하나님과의 특별한 관계에 초청된 우리가 하나님의 이름을 '망령되게' 부르지 않으려면 어떻게 해야 할까요? 하나님을 망령되게 부르지 않는 것은 무엇을 의미할까요?

먼저 하나님의 이름에 대해 생각해 봅시다.

하나님께서는 이름이 없으셨습니다. 하나님은 이름을 붙일 수 없는 존재이기 때문입니다. 이름에는 그 대상의 본질, 특성, 사명 등이 있어야 하지만 우리는 하나님의 속성이나 본질을 정확히 알 수 없습니다. 피조물이 어떻게 창조주 하나님께 이름을 붙이겠습니까.

창세기 2:19~20

여호와 하나님이 흙으로 각종 들짐승과 공중의 각종 새를 지으시고 아담이 무엇이라고 부르나 보시려고 그것들을 그에게로 이끌어 가시니 아담이 각 생물을 부르는 것이 곧 그 이름이 되었더라 아담이 모든 가축과 공중의 새와 들의 모든 짐승에게 이름을 주니라

아담은 모든 생물들에게 이름을 주었지만 하나님의 이름은 붙일 수 없었습니다.

한 겨울 혹독한 추위로 땅이 다 죽은 것 같아도 봄이 되면 새싹이 돋고 동물들이 동면에서 깨어납니다. 태양의 놀라운 힘입니다. 어떤 사람들은 태양을 신이라고 생각합니다. 애굽에서는 태양을 신으로 섬기며 파라오 왕을 태양의 아들이라고 생각했습니다. 그러나 태양은 핵 융합과 핵 분열에 의해 생성된 수소덩어리이고 인격이 없는 물질로서 신이 될 수 없습니다. 따라서 태양을 숭배한다면 신을 모독하게 됩니다. 이렇듯 인간에게 하나님은 가려진 존재이며 우리는 그분을 부를 수도 없었습니다.

하나님을 부를 수 없다면 어떤 일이 일어날까요. 기도를 할 수 없

습니다. 어떻게 불러야 할지 모르기 때문입니다. 하나님께서 그분의 이름을 알려주시지 않으면 기도조차 할 수 없습니다. 그러므로 하나님께서 이름을 알려주시는 것이 우리에게는 큰 복입니다.

시편 9: 10

여호와여 주의 이름을 아는 자는 주를 의지하오리니 이는 주를 찾는 자들을 버리지 아니하심이니이다

주의 이름을 안다면 주를 의지할 수 있습니다. 이것을 깨닫는 것이 가장 큰 복입니다.

출애굽기 33:19

여호와께서 이르시되 내가 내 모든 선한 것을 네 앞으로 지나가게 하고 여호와의 이름을 네 앞에 선포하리라 나는 은혜 베풀 자에게 은혜를 베풀고 긍휼히 여길 자에게 긍휼을 베푸느니라

여호와의 이름이 우리 앞에 선포될 때 은혜와 긍휼을 베푸신다고 하십니다. 하나님의 이름, '여호와'를 알게 된 것이 큰 축복입니다.

모세 이전에는 여호와의 이름을 아무도 알지 못했습니다. 아브라함, 이삭, 야곱, 요셉도 하나님의 이름을 알지 못했습니다. 하나님

의 이름을 처음 안 사람이 모세입니다. 아브라함에게는 일종의 기호를 주시며 '나는 전능한 하나님이다(창세기 17:1)'라고 말씀하셨습니다. '전능한 하나님'은 '엘 샤다이(El Shaddai)' 즉, 하나님의 능력을 나타내는 말입니다.

그런데 모세에게는 하나님의 이름을 가르쳐 주십니다.

출애굽기 3:12~15

하나님이 이르시되 내가 반드시 너와 함께 있으리라 네가 그 백성을 애굽에서 인도하여 낸 후에 너희가 이 산에서 하나님을 섬기리니 이것이 내가 너를 보낸 증거니라 모세가 하나님께 아뢰되 내가 이스라엘 자손에게 가서 이르기를 너희의 조상의 하나님이 나를 너희에게 보내셨다 하면 그들이 내게 묻기를 그의 이름이 무엇이냐 하리니 내가 무엇이라고 그들에게 말하리이까 하나님이 모세에게 이르시되 나는 스스로 있는 자이니라 또 이르시되 너는 이스라엘 자손에게 이같이 이르기를 스스로 있는 자가 나를 너희에게 보내셨다 하라 하나님이 또 모세에게 이르시되 너는 이스라엘 자손에게 이같이 이르기를 너희 조상의 하나님 여호와 곧 아브라함의 하나님, 이삭의 하나님, 야곱의 하나님께서 나를 너희에게 보내셨다 하라 이는 나의 영원한 이름이요 대대로 기억할 나의 칭호니라

　　모세에게 알려주신 하나님의 이름은 '에흐에 아쉐르 에흐에(출애굽기 3:14)'였습니다. '에흐에'는 영어로 'I am'을 의미하고 '아쉐르'는 관계사입니다. 따라서 '에흐에 아쉐르 에흐에'는 'I am who I am'이라는 뜻으로 잘 알려져 있습니다. 한국어 성경에서는 '나는 스스로 있는 자', '나는 나다', '나는 있는 나다' 등으로 번역됩니다. '나는 나'라는 것입니다. 이렇게 부르신 이유는 인간에게 하나님의 본질을 설명하기란 불가능하기 때문입니다.

　　예를 들어, '나는 태양과 같다'고 하면 사람들은 태양을 여호와 하나님으로 한정짓게 됩니다. 민수기 21장 4~9절에 나오는 불뱀과 놋뱀의 사건을 봅시다. 하나님을 향해 불평하는 이스라엘 백성들을 불뱀에게 물리게 하셨습니다. 그리고 모세가 장대에 단 놋뱀을 쳐다보는 자를 살리셨는데 이후 이스라엘 백성들은 놋뱀을 여호와 하나님으로 섬겼습니다.

　　하나님 이름은 야훼 또는 여호와로, '나는 곧 나'라는 뜻입니다. 이 단어의 정확한 발음은 전해지지 않았습니다. 이스라엘 사람들은 하나님의 이름을 함부로 부를 수가 없어서 '주님'이라는 뜻의 '아도나이(Adonai)'라고 불렀습니다. 히브리어에는 모음이 없고 음가만 남아 있어 야훼를 'yhwh'라고 씁니다. 영어식으로는 '제호바(Jehovah)'로 표기하고 야훼에 가깝게 발음합니다.

　　최초의 성경학자들은 하나님 이름을 '내가 반드시 너와 함께 있으리라(출애굽기 3:12)'는 뜻으로 해석하였습니다. 히브리어로는 '에흐에 임마크(I will be with you)'라고 합니다. 이를 신약에서는 '임마누엘(Immanuel;마1:23)'이라고 합니다. 이렇듯 하나님은 그분의 이름을 통해 '나는 나다', '내가 반드시 너와 함께 하겠다'고 우리에게 말씀하십니다.

이제 '부르다'의 뜻을 살펴보겠습니다. '부르다'의 원래 뜻은 '이름을 들어 올린다', '이름을 세우다'입니다.

시편 16:4

다른 신에게 예물을 드리는 자는 괴로움이 더할 것이라 나는 그들이 드리는 피의 전제를 드리지 아니하며 내 입술로 그 이름도 부르지 아니하리로다

'이름을 부른다'는 것은 '내 입술 위에 올리다'는 뜻입니다. 즉, '부르다'의 뜻은 '하나님의 이름이 내 입술 위에 머물러 있는 것'입니다. 그렇다면 '망령되다'는 무슨 뜻입니까? 사전적 의미는 '늙거나 정신이 흐려서 말이나 행동이 정상을 벗어난 데가 있다'는 것입니다. 그러므로 '망령되게 부르지 않는다'는 말은 함부로 이름을 부르지 않는다는 뜻입니다. 곧 하나님의 이름을 모독해서는 안 된다는 것입니다.

성경에서 '망령되게'는 히브리어로 '쇠웨(shawv)'라고 합니다. '쇠웨'에는 세 가지의 뜻이 있습니다.

첫째, '거짓과 속임'입니다

딱 잡아뗄 때 하나님 이름으로 맹세한다고들 합니다. 거짓으로 상대방을 속이기 위해 하나님 이름을 들이댑니다. 나 살자고 하나님의 이름을 파는 것입니다. 그것이 하나님의 이름을 '망령되게' 부르는 것입니다.

둘째, '타인을 해치려는 태도'입니다. 저주를 퍼붓는 것을 말합니다.

영어에서 'Jesus Christ!'라고 외치는 것은 우리말의 '제기랄'과 같습니다. 하나님의 이름을 욕에 사용하는 것도 마찬가지입니다. 그렇게 하는 것은 하나님, 그 이름의 능력으로 그런 일이 일어났으면 좋겠다는 바람을 담기 때문입니다. 하나님의 이름을 주술로 사용하는 것과 같습니다. 즉, 하나님을 내 맘대로 내 뜻대로 조종하고 있다는 것입니다.

네델란드 종교학자 반델 레에우는 그의 저서 「종교현상학 입문」에서 '종교는 섬기는 것이고 주술은 지배하는 것'이라고 말했습니다. 하나님의 이름으로 저주를 퍼붓는 것은 주술, 샤머니즘과 같습니다.

셋째, '공허', '근거가 없다', '허망하다'의 뜻입니다. 여기에는 세 가지의 뜻이 있습니다.

1. 하나님 이름의 가치를 모르고 소리만 내어 부르는 것입니다. 내가 하는 말이 무슨 뜻인지 알지도 못한 채, 그 가치를 모르고 망령되게 부른다는 의미입니다.

2. 하나님의 이름 안에 고귀함이 있는데, 그 위에 부정한 것을 함께 담아 두는 것입니다. 하나님의 이름을 부를 때 다른 더러운 것도 함께 입에 올린다는 뜻입니다.

3. 하나님을 사랑, 존경, 신뢰 없이 부르는 것입니다. 즉, 공허하게 부른다는 의미입니다.

적용해 보면 어떻게 하나님의 이름을 바르고 의미 있게 부를 수 있을까요?

첫째, 하나님과 바른 관계가 세워져야 합니다. 하나님에 대한 열정이 충만하게 살아 있어야 합니다. 내 안에 하나님을 향한 온전한 사랑이 있어야 합니다.

"하나님과의 관계 안에 충만한 사랑이 있게 하옵소서!" 이것이 우리의 기도가 되기를 원합니다.

둘째, 내 입술 위에 부정하고 더러운 것이 올라오지 않아야 합니다. '사랑의 기도'라는 곡의 가사 중에 '사랑을 맹세한 내 입술로는 세상 누구도 허물지 않으리 간청하오니 소중한 인연으로 살게 하옵소서'라는 부분이 있습니다. 사랑을 담았던 그 입술에 세상의 더러운 것을 담지 않겠다는 뜻입니다.

세상 사람들도 이렇게 생각하는데 우리는 어떻게 해야 할까요?

스바냐 3:9

그 때에 내가 여러 백성의 입술을 깨끗하게 하여 그들이 다 여호와의 이름을 부르며 한 가지로 나를 섬기게 하리니

스바냐 3:12~13

내가 곤고하고 가난한 백성을 네 가운데에 남겨 두리니 그들이 여호와의 이름을 의탁하여 보호를 받을지라 이스라엘의 남은 자는 악을 행하지 아니하며 거짓을 말하지 아니하며 입에 거짓된 혀가 없으며 먹고 누울지라도 그들을 두렵게 할 자가 없으리라

하나님께서는 여러 백성들이 나 여호와를 섬기게 하기 전에 내 백성의 입술을 깨끗케 하시겠다고 하십니다.

그 때에 내가 말하되 화로다 나여 망하게 되었도다 나는 입술이 부정한 사람이요 나는 입술이 부정한 백성 중에 거주하면서 만군의 여호와이신 왕을 뵈었음이로다 하였더라 그 때에 그 스랍 중의 하나가 부젓가락으로 제단에서 집은 바 핀 숯을 손에 가지고 내게로 날아와서 그것을 내 입술에 대며 이르되 보라 이것이 네 입에 닿았으니 네 악이 제하여졌고 네 죄가 사하여졌느니라 하더라

이사야 선지자는 스스로 자신의 입술이 부정하다고 말합니다. 하나님의 이름을 선포하기 전에 숯불로 자신의 입술을 정하게 하겠다고 합니다.

여호와께서 모세에게 말씀하여 이르시되 아론과 그의 아들들에게 말하여 이르기를 너희는 이스라엘 자손을 위하여 이렇게 축복하여 이르되 여호와는 네게 복을 주시고 너를 지키시기를 원하며 여호와는 그의 얼굴을 네게 비추사 은혜 베푸시기를 원하며 여호와는 그 얼굴을 네게로 향하여 드사 평강 주시기를 원하노라 할지니라 하라 그들은 이같이 내 이름으로 이스라엘 자손에게 축복할지니 내가 그들에게 복을 주리라

하나님께서는 하나님의 이름으로 축복하기를 원하십니다.

이 말씀은 아론과 그의 아들들에게 이스라엘 백성들을 축복하라고 주신 말씀입니다. 아론과 그의 아들들은 제사장이었습니다. 우리도 왕 같은 제사장으로 부르심을 받았습니다. 그렇기 때문에 우리도 여호와의 이름을 바르게 사용해야 합니다. 불평과 불신, 원망이 가득한 세상을 향해 여호와의 이름으로 축복해야 합니다. 이것이 여호와의 이름을 망령되게 부르지 않는 것입니다.

마음을 다해 여호와의 이름으로 축복하는 것. 여호와의 이름을 바르게 사용하는 길입니다.

하나님의 축복이 이 세상에 선포되기를 원합니다. 하나님의 이름으로 축복이 선포될 때, 원망, 미움, 좌절이 변하여 완전한 평안이 이루어 질 것이라 믿습니다.

세상의 길을 따르지 않고 하나님의 길을 따르시기를 축복합니다. 

제3계명 III _ 하나님의 이름을 아름답게

출애굽기 20:1~7

하나님이 이 모든 말씀으로 말씀하여 이르시되 나는 너를 애굽 땅, 종 되었던 집에서 인도하여 낸 네 하나님 여호와니라 너는 나 외에는 다른 신들을 네게 두지 말라 너를 위하여 새긴 우상을 만들지 말고 또 위로 하늘에 있는 것이나 아래로 땅에 있는 것이나 땅 아래 물 속에 있는 것의 어떤 형상도 만들지 말며 그것들에게 절하지 말며 그것들을 섬기지 말라 나 네 하나님 여호와는 질투하는 하나님인즉 나를 미워하는 자의 죄를 갚되 아버지로부터 아들에게로 삼사 대까지 이르게 하거니와 나를 사랑하고 내 계명을 지키는 자에게는 천 대까지 은혜를 베푸느니라 **너는 네 하나님 여호와의 이름을 망령되게 부르지 말라** 여호와는 그의 이름을 망령되게 부르는 자를 죄 없다 하지 아니하리라

십계명의 제 3계명 '너는 네 하나님 여호와의 이름을 망령되게 부르지 말라'를 바탕으로 하나님의 이름에 대해 계속해서 나누고 있습니다. 하나님의 이름인 '여호와'의 뜻은 '나는 나', '나는 스스로 있는 나'이며 그 뜻 안에는 '우리와 함께 하시는 하나님'의 의미가 포함되었다고 하였습니다.

그 하나님의 이름을 망령되게 부르지 않고 잘 부르는 방법은 다음과 같습니다. 첫째, 하나님과의 관계를 바르게 하여야 하며 둘째, 거룩한 하나님의 이름을 부르는 우리의 입술에 부정하고 더러운 것을 함께 올리지 않도록 구별하여 드려야 하며 셋째, 하나님의 이름으로 축복함으로써 제사장으로서의 직분을 잘 감당해야 한다는 것을 나누었습니다.

그렇다면 삶에서 여호와 하나님의 이름을 아름답게 부르는 방법은 무엇일까요.

의사나 요리사처럼 어떤 전문적인 영역을 배우기 위해서는 지식뿐 아니라 그것을 행할 수 있는 기술들도 함께 배우게 됩니다. 그것을 '실기'라고 하는데, 이 실기를 잘 습득하는 것이 그 일을 행하는데 매우 중요합니다. 실기를 습득하기 위해서는 먼저 선생님이 하는 것을 그대로 따라하고, 익숙해진 뒤 내 것으로 만들어야 합니다.

하나님은 우리를 자녀로 삼으셨습니다. 어떻게 해야 하나님의 자녀답게 살 수 있을까요? 바로 선생님을 그대로 흉내내며 따라하는 것처럼, 진짜 하나님의 아들이 어떻게 행하셨는지 따라하는 것이 매우 중요합니다. 그래서 예수 그리스도는 나의 스승이고, 나는 예수 그리스도의 제자로서 예수님이 하신 일들을 따라하며 흉내 내어야 합니다. 모든 것을 알지 못해도 일단 따라하다 보면 나중에 왜 그랬는지 터득하게 됩니다.

예수님의 모습을 따라 하기 위한 여러 가지 질문들이 있습니다.

예수님이 가장 중요하게 생각하신 것은 무엇일까?
예수님은 최종 목표를 어디에 두고 사셨을까?
예수님이 가장 관심을 기울이신 것은 무엇일까?

이런 질문을 통해 따라하고 본받을 수 있는 예수님의 모습을 찾을 수 있을 것입니다. 우리가 따라하고 본받아야 할 예수님의 모습에는 어떤 것이 있을까요?

첫 번째는 예수님이 가지셨던 기도 제목입니다.
누군가의 상황을 쉽게 예측할 수 있는 방법은 그 사람의 현재 기도 제목을 보는 것입니다. 우리는 자녀나 배우자, 또는 사업, 건강 등의 기도 제목들을 가지고 있습니다.

그렇다면 우리가 흉내 내야 하는 예수님의 간절한 기도 제목은 무엇이었을까요?

예수님은 제자들에게 주기도문(마태복음 6:9~13)을 가르쳐 주셨습니다.

주기도문의 첫 번째 기도 제목입니다.

'하늘에 계신 우리 아버지여 이름이 거룩히 여김을 받으시오며'

이것이 예수님의 가장 간절한 기도였습니다. 아버지의 이름이 거룩히 여김을 받는 것. 예수님의 가장 중요한 목표이자 본질이었고 소원이었습니다.

십계명과 주기도문은 그 내용과 구조에서 닮았습니다.

십계명에서는 여호와의 이름을 '망령되게' 부르지 말라고 하였고, 예수님의 기도에서는 아버지의 이름이 '거룩하게' 여겨져야 한다고 하였습니다.

간절한 기도는 그것이 이루어질 것이라 믿고, 그 마음으로 살아가는 것입니다. 기도의 소망, 기대, 갈망, 간절함으로 그 기도가 이루어진 것처럼 사는 것입니다. 하나님의 공의, 하나님의 심판, 하나님의 자비를 구한다면 그에 걸맞는 삶을 살아야 합니다.

예수님은 자신의 모든 삶에서 하나님의 이름이 거룩히 되기를 원하셨습니다.

요한복음 5:43

나는 내 아버지의 이름으로 왔으매 너희가 영접하지 아니하나
만일 다른 사람이 자기 이름으로 오면 영접하리라

요한복음 10:25

예수께서 대답하시되 내가 너희에게 말하였으되 믿지 아니하는
도다 내가 내 아버지의 이름으로 행하는 일들이 나를 증거하는
것이거늘

예수님은 자신의 이름으로 오시지 않았습니다. 예수님은 '아버지
의 이름'으로 이 땅에 오셨다고 말씀하십니다. 그리고 '아버지의 이
름'으로 모든 일을 행하시고 자신의 이름이 아니라 '아버지의 이름'
이 드러나기를 원하셨습니다.

두 번째는 예수님이 가지신 목표입니다. 예수님의 최고의 목표는
아버지의 이름을 영광스럽게 하시는 것이었습니다.

요한복음 12:23~28

예수께서 대답하여 이르시되 인자가 영광을 얻을 때가 왔도다
내가 진실로 진실로 너희에게 이르노니 한 알의 밀이 땅에 떨어
져 죽지 아니하면 한 알 그대로 있고 죽으면 많은 열매를 맺느니

라 자기의 생명을 사랑하는 자는 잃어버릴 것이요 이 세상에서
자기의 생명을 미워하는 자는 영생하도록 보전하리라 사람이 나
를 섬기려면 나를 따르라 나 있는 곳에 나를 섬기는 자도 거기
있으리니 사람이 나를 섬기면 내 아버지께서 그를 귀히 여기시
리라 지금 내 마음이 괴로우니 무슨 말을 하리요 아버지여 나를
구원하여 이 때를 면하게 하여 주옵소서 그러나 내가 이를 위하
여 이 때에 왔나이다 아버지여, 아버지의 이름을 영광스럽게 하
옵소서 하시니 이에 하늘에서 소리가 나서 이르되 내가 이미 영
광스럽게 하였고 또다시 영광스럽게 하리라 하시니

예수님께서 십자가의 죽음을 앞두고 제자들에게 말씀하시고 하나
님께 기도를 올리는 내용입니다. 예수님은 '지금 내 마음이 괴로우
니'라고 하시면서 '아버지여 나를 구원하여 이 때를 면하게 하여 주
옵소서'라고 기도하십니다. 하지만 그 다음에는 '아버지여, 아버지
의 이름을 영광스럽게 하옵소서'라고 마무리하십니다. 내 생각으로
는 죽고 싶지 않지만, '아버지 이름의 영광'을 위해서는 목숨까지 내
어 놓겠다는 것입니다. 하나님께서는 '이미 영광스럽게 하였고 또다
시 영광스럽게 하시겠다'고 응답하십니다.

예수님은 하나님의 이름으로 모든 것을 행하셨고, 아버지의 영광
을 위해서는 목숨까지도 내어놓겠다고 말씀하십니다. 이것이 하나

님의 이름을 높이는 삶입니다.

세 번째는 목표를 이루시는 예수님의 방법입니다.

어떻게 해야 하나님 아버지의 이름을 영광스럽게 할 수 있을까요? 세상에서 성공하고 사람들에게 칭찬받을 때 아버지의 이름이 영광을 받게 되는 것일까요? 예수님은 하나님의 말씀에 철저히 순종하심으로 아버지의 이름을 영광스럽게 하셨습니다.

하나님의 말씀대로 살아갈 때 하나님의 하나님 되심이 드러납니다. 예수님은 하나님의 말씀을 이루기 위해 순종하며 사셨습니다. 계속해서 요한복음의 말씀을 찾아보겠습니다.

요한복음 13:18

내가 너희 모두를 가리켜 말하는 것이 아니니라 나는 내가 택한 자들이 누구인지 앎이라 그러나 내 떡을 먹는 자가 내게 발꿈치를 들었다 한 성경을 응하게 하려는 것이니라

요한복음 17:12

내가 그들과 함께 있을 때에 내게 주신 아버지의 이름으로 그들을 보전하고 지키었나이다 그 중의 하나도 멸망하지 않고 다만 멸망의 자식뿐이오니 이는 성경을 응하게 함이니이다

군인들이 서로 말하되 이것을 찢지 말고 누가 얻나 제비 뽑자 하
니 이는 성경에 그들이 내 옷을 나누고 내 옷을 제비 뽑나이다
한 것을 응하게 하려 함이러라 군인들은 이런 일을 하고

그 후에 예수께서 모든 일이 이미 이루어진 줄 아시고 성경을 응
하게 하려 하사 이르시되 내가 목마르다 하시니

이 일이 일어난 것은 그 뼈가 하나도 꺾이지 아니하리라 한 성경
을 응하게 하려 함이라

예수님은 하나님의 말씀에 순종함으로 하나님의 이름을 거룩하게
하는 삶을 사셨습니다. 이것이 하나님의 아들로서 사는 모습이며 하
나님의 이름을 높여 드리는 방법입니다. 그러나 우리는 하나님의 이
름을 높여드린다고 하면서도 자기 이름을 높이려 합니다. 진심으로
하나님의 이름을 높여 드리겠다면 내가 감당하기 힘든 일일지라도
순종해야 합니다. 거기서 하나님의 영광이 나타납니다. 말씀대로 순
종하며, 말씀에 권위가 있음을 드러내는 것이 하나님의 영광을 위한
삶입니다. 분명 우리에게 부담으로 다가올 수 있지만, 위로가 되는

말씀이 있습니다.

빌립보서 2:5~12

너희 안에 이 마음을 품으라 곧 그리스도 예수의 마음이니 그는 근본 하나님의 본체시나 하나님과 동등됨을 취할 것으로 여기지 아니하시고 오히려 자기를 비워 종의 형체를 가지사 사람들과 같이 되셨고 사람의 모양으로 나타나사 자기를 낮추시고 죽기까지 복종하셨으니 곧 십자가에 죽으심이라 이러므로 하나님이 그를 지극히 높여 모든 이름 위에 뛰어난 이름을 주사 하늘에 있는 자들과 땅에 있는 자들과 땅 아래에 있는 자들로 모든 무릎을 예수의 이름에 꿇게 하시고 모든 입으로 예수 그리스도를 주라 시인하여 하나님 아버지께 영광을 돌리게 하셨느니라 그러므로 나의 사랑하는 자들아 너희가 나 있을 때뿐 아니라 더욱 지금 나 없을 때에도 항상 복종하여 두렵고 떨림으로 너희 구원을 이루라

예수님은 평생을 다해 아버지의 이름을 높이며 사셨습니다. 하나님께서는 그런 예수님을 지극히 높여 모든 이름 위에 뛰어난 이름을 주셨습니다. 하늘과 땅의 모든 자들을 예수님의 이름 앞에 무릎 꿇게 하셨습니다. 그리고 모든 입으로 예수 그리스도를 주라 시인함으로 하나님 아버지께 영광을 돌리게 하셨습니다.

십계명은 우리를 노예로 만들려 하지 않고 사랑의 관계를 유지하게 합니다. 하나님과의 상호 관계를 위한 것입니다. 평생 찬양하는 삶을 의무적으로 요구하는 것이 아닙니다. 찬양은 어떤 노역이 아니라 하나님의 사랑과 은혜, 그분의 아름다우심과 그 영광이 얼마나 크고 놀라운지 드러내지 않고는 참을 수 없는 그것입니다. 그렇게 하나님을 찬송하는 것입니다.

스데반은 죽어가는 순간까지 자신에게 돌을 던지는 원수들을 위해 축복하였습니다. 그가 대단한 사람이거나 믿음이 커서가 아닙니다. 스데반이 원수들을 축복하면서 죽을 수 있었던 단 하나의 이유는 하늘이 열리고 하나님의 영광의 보좌와 그 우편에 계시는 예수님의 영광을 보았기 때문입니다. 하늘의 영광과 아버지의 영광이 얼마나 대단한 것인가를 깨달았기 때문에 죽는 순간까지도 원수들을 위해 축복할 수 있었습니다. 스데반에게 보이신 하나님의 영광이 얼마나 위대한지 알아야 합니다.

하나님의 이름을 존귀하게 여기고 아름답게 하는 것을 고역으로 생각하지 않고 이를 위해 목숨을 걸 수 있다면, 그것은 우리 믿음이 대단하기 때문이 아닙니다. 하나님 아버지의 영광과 거룩하심이 얼마나 위대한지 보고 깨닫기를 원해야 할 수 있는 것입니다.

나를 인도하시는 하나님의 하나님 되심을 바로 깨달아 그 영광을 바라보며, 그 영광 때문에 그 뒤를 따라가는 것. 이것이 믿음의 정수입니다. 이런 믿음의 주인공이 되시기를 축복합니다.

예수님께서 두려울지라도 하나님의 영광을 위해 기쁨으로 목숨까지 내어놓으신 이유는 하나님 아버지의 영광이 얼마나 대단한지 아셨기 때문이었습니다. 우리 모두에게 이런 복이 있기를 소원합니다.

강한 믿음의 사람이 되는 법은 하나뿐입니다. 우리의 내면이 하나님께 맞춰지고 그분의 영광을 사모하는 것. 그리고 그 영광을 내면 가운데서 깨달아 그 영광에 감동될 때 우리의 입이 열리고 기쁨으로 내 목숨까지도 드릴 수 있다고 고백할 수 있을 것입니다.

이러한 복이 우리 가운데 있을 때 하나님의 영광을 세상에 보여 주는 교회, 하나님의 이름으로 하는 모든 일이 기쁨이 되는 교회, 예수 그리스도와 하나님의 이름을 세상에 드러내는 교회가 될 것입니다.

이런 은혜의 열매, 감사의 열매, 하나님의 영광의 열매가 가득한 복을 누리시기를 축복합니다. 여호와의 영광을 사모하시기를 축복합니다. 예수님처럼 하나님의 이름을 영광스럽고 거룩하게 여기며 사시기를 축복합니다. 🌰

제4계명 | _안식일, 나는 하나님의 백성입니다

출애굽기 20:8~11

안식일을 기억하여 거룩하게 지키라 엿새 동안은 힘써 네 모든 일을 행할 것이나 일곱째 날은 네 하나님 여호와의 안식일인즉 너나 네 아들이나 네 딸이나 네 남종이나 네 여종이나 네 가축이나 네 문안에 머무는 객이라도 아무 일도 하지 말라 이는 엿새 동안에 나 여호와가 하늘과 땅과 바다와 그 가운데 모든 것을 만들고 일곱째 날에 쉬었음이라 그러므로 나 여호와가 안식일을 복되게 하여 그 날을 거룩하게 하였느니라

하나님과의 관계가 돈독해지고 하나님과 동행함으로 우리의 믿음은 성장하게 됩니다. 그런데 우리의 신앙 성숙에 걸림돌이 되는 부분이 있습니다. 그 근본적인 문제 중 하나는 하나님께서 중요하게

생각하는 것과 내가 중요하게 생각하는 것이 서로 다르다는 것입니다. 하나님은 우리가 하나님이 어떤 분이신지 본질을 깨닫고, 하나님을 기쁘시게 하며, 하나님께 순종하는 것을 중요하게 생각하십니다. 하지만 우리는 자기 기분, 감정, 느낌에 집중하며 그것을 중요하게 여깁니다. 그 차이가 크면 클수록 하나님이 말씀하시는 것을 이해하기 어렵고 왜 해야 하는지 깨닫기 어렵습니다.

이렇듯 그 의미를 모른 채 하는 일들 중 하나가 바로 십계명의 제4계명이라고 할 수 있습니다.

적어도 주님을 삶의 주인으로 고백하는 성도들은 '주일은 지킬 수 있으면 지킨다'라고 말합니다. 바꾸어 말하면 '지킬 수 없으면 할 수 없다'는 뜻입니다. 또한, 주일을 지킨다고 하면서도 성경에서 말씀하는 방법대로 지키지는 못할 때도 있습니다.

성경에서는 안식일에 대하여 매우 강하고 엄격하게 규정합니다. 주일을 지킬 때에는 마치 미신적인 토속신앙에서 '고시래'하는 식의 태도가 되어서는 안 됩니다. 군대에서 엄격하고 강하게 훈련을 시키는 것은 전쟁에서 살아남기 위함입니다. 우리도 마찬가지입니다. 매일의 영적 전쟁에서 살아남기 위해서는 성경에서 배워야 할 것을 정확하게 배워야 합니다. 그렇지 않으면 우리 모두 죽을 수밖에 없습니다. 몸에 익히지 않으면 절대로 즉각적인 행동이 나올 수 없기 때문입니다.

이런 의미에서 십계명의 제4계명의 뜻을 살펴보겠습니다.

출애굽기 35:3

안식일에는 너희의 모든 처소에서 불도 피우지 말지니라

출애굽기 31:15

엿새 동안은 일할 것이나 일곱째 날은 큰 안식일이니 여호와께 거룩한 것이라 안식일에 일하는 자는 누구든지 반드시 죽일지니라

이처럼 성경에서는 안식일 지키는 것에 대하여 매우 엄격하게 말씀하고 있습니다. 실제로 민수기에는 안식일에 나무하는 자를 발견하고 모세와 아론에게 끌고 와 여호와께서 돌로 치라고 하신 말씀대로 회중이 밖으로 끌고나가 돌로 쳐 죽인 사건이 나옵니다(민수기 15:32~36).

구약 시대의 안식일을 지키는 것, 곧 오늘날의 주일 성수는 어째서 이토록 중요할까요? 본문 8절을 보겠습니다.

출애굽기 20:8

안식일을 기억하여 거룩하게 지키라

이 짧은 구절에 두 개의 동사가 나옵니다. '기억하다'와 '지키다'입니다. 먼저 '기억하다'는 동사를 살펴보겠습니다. 무엇을 기억하라는 것일까요?

첫째, 하나님께서 모든 것을 엿새 동안 만드셨다는 것을 기억하라고 합니다.

이는 엿새 동안에 나 여호와가 하늘과 땅과 바다와 그 가운데 모든 것을 만들고

모든 것을 만드신 분이 바로 창조주 하나님이십니다. 다시 말해 모든 것의 권리와 주권을 하나님께서 갖고 계시다는 것을 기억하라고 하는 것입니다.

둘째, 일곱째 날이 바로 여호와의 안식일이었다는 것을 기억하라고 합니다.

일곱째 날에 쉬었음이라

창세기의 천지창조 과정에서 반복되는 구절이 있습니다. '하나님

이 보시기에 좋았더라.' 이것은 하나님께서 만족하셨다는 뜻입니다. 하나님께서 만드신 것이 완벽하고 온전하므로 쉬셨다는 뜻입니다. 따라서 우리가 쉬지 못하고 무언가를 계속한다면 창조주 하나님께서 완벽하게 만드신 것을 부정하는 것과 같습니다.

셋째, 구원자 되신 하나님을 기억하라고 말합니다.

> 신명기 5:15
>
> 너는 기억하라 네가 애굽 땅에서 종이 되었더니 네 하나님 여호와가 강한 손과 편 팔로 거기서 너를 인도하여 내었나니 그러므로 네 하나님 여호와가 네게 명령하여 안식일을 지키라 하느니라

여기서는 애굽 땅에서 종 되었던 이스라엘 백성들을 하나님께서 인도해내신 것을 기억하라고 하십니다. 그렇기 때문에 안식일을 지키라고 말합니다. 그 하나님이 누구의 하나님이십니까. 바로 우리의 하나님이십니다.

다시 말해, 우리를 죄 가운데서, 우리가 받아야 할 형벌 가운데서 구원해 주신 예수 그리스도를 기억하라는 것입니다. 그리고 십자가의 죽으심과 부활하심을 잊지 말라고 하십니다.

예전에는 교회에서 주일성수에 대해 지나치게 율법적인 면이 강

조되기도 했었습니다. 주일에 돈 안 쓰기 위해 걸어서 교회에 오거나 주일에 시험보지 않기 등 여러 에피소드가 있었습니다. 그러나 우리는 '여호와 하나님이 어떤 분이신가'를 가장 중요하게 기억해야 합니다. 안식일을 지킨다는 것은 바로 내가 하나님의 종이고 하나님이 나의 주인임을 드러내는 것입니다. 바로 안식일을 언약의 징표로 기억해야 한다는 것입니다.

구약시대 첫 번째 언약은 노아가 받았습니다. 하나님은 다시는 물로 심판하지 않으시겠다는 언약의 징표로 무지개를 주셨습니다. 두 번째는 아브라함과의 언약입니다. 하늘의 뭇별과 같이 네 자손도 이와 같으리라고 말씀하신 언약의 징표는 할례였습니다. 그리고 세 번째 언약은 모세와의 언약입니다. 하나님은 이스라엘의 하나님이시고 이스라엘은 나의 백성이라는 징표로 안식일을 주셨습니다.

지금 어떤 마음으로 이 주일을 지키십니까?

최소한의 안전장치로서 주일을 지켜서는 안 됩니다. 우리에게는 하나님이 어떤 분인지 아는 것이 가장 중요하며, 그것만이 모든 어려움의 돌파구가 됩니다. 사람의 이야기로는 위로 받을 수 없습니다. 하나님이 이 세상의 주인이시며, 그 하나님이 나의 하나님이십니다. 이 사실만이 우리에게 유일한 위로가 됩니다.

이스라엘은 AD 70년 경, 로마에 의해 멸망하였습니다. 그리고 그

후 2000년 동안 나라 없는 민족으로 살았습니다. 그런데 그런 유대인들이 어떻게 정체성을 지킬 수 있었을까요?

2차 세계대전 당시, 전 유대인의 10%만 살아남았습니다. 그토록 잔인하게 유대인들을 죽였지만 그들이 죽음 가운데서도 정체성을 지킬 수 있었던 유일한 이유는 바로 안식일을 지켰기 때문이었습니다. 심지어 아우슈비츠(Auschwitz) 강제수용소에 감금된 상황에서도 그들은 신앙을 지켰고 그 신앙고백으로 그들의 정체성은 2000년이 넘도록 유지되어 왔습니다.

이 세상에 살면서도 온 천지를 만드신 여호와 하나님의 백성으로서 하나님을 사랑하고 하나님과 동행하며 그분을 선포하는 것. 이 모든 것이 주일성수로 나타나야 합니다.

나는 하나님의 백성입니다. 나의 구원자는 하나님이십니다.

이 사실을 고백하는 표징이 바로 주일 성수입니다. 모든 상황 속에서 내가 누구인지, 그리고 하나님은 어떤 분이신지를 생각하고 기억하고 깨닫는 복이 있기를 바랍니다.

창조주, 구원자 되신 하나님을 기억하십시오. 또 내가 하나님의 백성, 하나님의 자녀임을 기억해야 합니다. 단순한 지적 동의나 정보가 아닙니다. 창조주 구원자 되신 하나님의 자녀. 이것이 나의 정체성임을 깨달으시기를 축복합니다.

제4계명 II _ 안식일, 엿새 동안 힘써 모든 일을 행하다

출애굽기 20:8~11

안식일을 기억하여 거룩하게 지키라 엿새 동안은 힘써 네 모든 일을 행할 것이나 일곱째 날은 네 하나님 여호와의 안식일인즉 너나 네 아들이나 네 딸이나 네 남종이나 네 여종이나 네 가축이나 네 문안에 머무는 객이라도 아무 일도 하지 말라 이는 엿새 동안에 나 여호와가 하늘과 땅과 바다와 그 가운데 모든 것을 만들고 일곱째 날에 쉬었음이라 그러므로 나 여호와가 안식일을 복되게 하여 그 날을 거룩하게 하였느니라

천지창조 이후 하나님께서 가장 먼저 거룩하게 구별하신 것은 물건이나 장소가 아닌 '시간'이었습니다. 하나님께서는 시간을 가장 소중히 여기셨습니다. 내게 주신 시간을 하나님 앞에 구별해서 드리

시기를 바랍니다.

안식일에 어떤 행위를 하느냐의 문제를 떠나, 먼저 하나님의 뜻이 무엇인지를 깨달아야 합니다.

8절에 나오는 두 개의 동사 '기억하다'와 '지키다'를 살펴보겠습니다. 지난 편에서 '기억하다'라는 동사의 뜻을 알아보았습니다. 안식일에는 엿새 동안 천지만물을 창조하신 뒤 일곱째 날 '안식'하신 창조주 하나님을 기억해야 하고, 애굽 땅 종 되었던 너를 강한 손과 편 팔로 인도해 내신 구원자와 구속주 되신 하나님(신명기5:15)을 기억해야 한다고 하였습니다. 창조주, 구속주 하나님을 기억하는 것은 내가 누구인지 확증하는 이유가 되기 때문에 중요합니다. 그 하나님이 바로 '너'의 하나님이 되신다고 말합니다. 다시 말해 네가 하나님의 백성임을 기억하라는 것입니다. 안식일을 기억한다는 것은 내가 하나님의 백성임을 인정하는 것이며, 동시에 나의 정체성을 인식하는 것입니다. 안식일을 지키는 것은 창조주, 구원자 되시는 그 하나님이 나의 하나님, 나의 창조주, 나의 구원자 되심을 기억하는 것입니다.

그렇다면 두 번째 동사 '지키다'는 무엇을 의미할까요?

제4계명 '안식일을 기억하여 거룩하게 지키라'는 참 단순하고 선명한 문장입니다. 9~10절을 다시 정리해 보면, '엿새 동안은 힘써 네 모든 일을 행할 것이나 일곱 째 날은 아무 일도 하지 말라'고 하는 것입니다. 일곱 째 날 쉬기 위한 전제 조건은 엿새 동안 열심히 일하는 것입니다. 왜 그렇게 해야 할까요?

바로 하나님께서 그렇게 하셨기 때문입니다. 바로 하나님 닮은 사람이 되라는 뜻입니다. 어떻게 해야 하나님을 닮을 수 있을까요? 자녀가 그 부모를 닮아가는 것처럼, 우리는 하나님께서 행하신 것을 흉내 내고 일하신 것을 따라하며 하나님을 닮아가는 것입니다.

'일하는 것'을 '노동'이라는 단어로 표현하면 굉장히 부담되는 것이 사실입니다. 그러나 하나님께서 우리에게 주신 본능이 있습니다.

창세기 1:28

하나님이 그들에게 복을 주시며 하나님이 그들에게 이르시되 생육하고 번성하여 땅에 충만하라, 땅을 정복하라, 바다의 물고기와 하늘의 새와 땅에 움직이는 모든 생물을 다스리라 하시니라

하나님께서는 인간에게 개체 유지를 위한 '식욕'과 종족 보존을 위한 '성욕'을 주셨습니다. 그리고 땅을 정복하고 모든 생물을 다스리라고 말씀하셨습니다. 다시 말해 '일하는 기쁨'을 본능으로 주신 것입니다. 일하는 본능을 인간에게만 주셨다는 것을 어떻게 알 수 있을까요?

창세기 1:22

하나님이 그들에게 복을 주시며 이르시되 생육하고 번성하여 여러 바닷물에 충만하라 새들도 땅에 번성하라 하시니라

하나님께서는 다른 피조물에게 정복하라, 다스리라는 말씀을 하지 않으셨습니다. 이는 우리에게 하나님의 대리인으로서의 역할, 사명과 소명을 주셨다는 것입니다. 성경학자들은 이것을 '문화 명령'이라 말하기도 합니다. 인간에게만 주신 독특한 특권입니다. 이 일은 하나님께서 우리에게 위임해 주신 것입니다. 하나님의 대사, 하나님의 대리인의 역할을 감당하는 것. 이것이 일의 근본입니다.

그런데 이 '일'의 뜻이 왜곡되는 사건이 있습니다. 바로 아담의 범죄입니다. 아담이 선악과를 먹음으로 존귀한 일의 본성은 생존을 위한 몸부림으로 전락하게 되었습니다. 하나님의 심판, 저주가 내려진 것입니다.

하나님 앞에 죄를 짓는 순간, 인간은 숨는 자가 되었습니다. 단 둘뿐인 에덴동산, 가장 친밀해야 하는 관계에서 그들은 피차 자기 몸을 숨깁니다. 그와 동시에 하나님과의 관계에서도 그들은 숨는 자가 되었습니다.

하나님께서 뱀(사탄)과 아담과 하와를 불러 그 일에 대한 진위여부를 가리고자 하였을 때, 그들은 서로 책임을 떠넘깁니다.

하나님은 뱀에게 배로 다니고 흙을 먹고 여자와 원수가 되고 네 후손도 여자와 원수가 되며 여자의 후손은 네 머리를 상하게 하고 너는 그의 발꿈치를 상하게 할 것(창세기 3:14~15)이라고 말씀하십니다.

그리고 여자에게는 임신하는 고통을 크게 더하시고, 남편을 원하지만 남편의 다스림을 받을 것(창세기 3:16)이라고 하셨습니다. 여기서 '원하다'는 단순히 사모한다는 뜻이 아니라 desire, 즉 소유하고 지배하고자 한다는 의미입니다. 하와는 남편을 자기 마음대로 부리고자 한다는 것입니다. 이것은 그 다음에 나오는 가인과 아벨의 사건에서 여호와께서 가인에게 하신 말씀 중 '죄가 너를 원하나 너는 죄를 다스릴지니라(창세기 4:7)'에서 사용된 '원하다'라는 동사와 같은 단어입니다.

마지막으로 남자에게는 땅은 너로 말미암아 저주를 받고 평생에 수고하여야 그 소산을 먹을 것이라고 하십니다. 흙으로 돌아갈 때까지 얼굴에 땀을 흘려야 먹을 것을 먹을 수 있고, 흙에서 나왔으므로 흙으로 돌아갈 것이라고 말씀하십니다(창세기 3:17~19). 이는 통치자의 자리에서 수고자의 자리로, 즉 인간의 수고와 노력으로 피조물과의 투쟁을 통해 겨우 생존할 수 있도록 전락했다는 뜻입니다.

그래서 전도자인 솔로몬은 전도서에서 모든 것이 헛되다고 말합니다.

전도자가 이르되 헛되고 헛되며 헛되고 헛되니 모든 것이 헛되도다 해 아래에서 수고하는 모든 수고가 사람에게 무엇이 유익한가 한 세대는 가고 한 세대는 오되 땅은 영원히 있도다 해는 뜨고 해는 지되 그 떴던 곳으로 빨리 돌아가고 바람은 남으로 불다가 북으로 돌아가며 이리 돌며 저리 돌아 바람은 그 불던 곳으로 돌아가고 모든 강물은 다 바다로 흐르되 바다를 채우지 못하며 강물은 어느 곳으로 흐르든지 그리로 연하여 흐르느니라 모든 만물이 피곤하다는 것을 사람이 말로 다 말할 수는 없나니 눈은 보아도 족함이 없고 귀는 들어도 가득 차지 아니하도다 이미 있던 것이 후에 다시 있겠고 이미 한 일을 후에 다시 할지라 해 아래에는 새 것이 없나니 무엇을 가리켜 이르기를 보라 이것이 새 것이라 할 것이 있으랴 우리가 있기 오래 전 세대들에도 이미 있었느니라 이전 세대들이 기억됨이 없으니 장래 세대도 그 후 세대들과 함께 기억됨이 없으리라

인간의 탐욕과 배신, 타락으로 모든 피조물이 함께 벌을 받게 되었습니다. 그렇기 때문에 솔로몬은 모든 것이 헛되고 헛되다, 해 아래 새로울 것이 아무것도 없다고 허무한 세상을 노래했지만 하나님께서는 새로운 일을 시작하셨습니다.

고린도후서 5:17

그런즉 누구든지 그리스도 안에 있으면 새로운 피조물이라 이전 것은 지나갔으니 보라 새 것이 되었도다

우리는 더 이상 죄의 노예, 악의 병기가 아닙니다. 이제는 사탄의 권세와 죄의 차꼬에 채이지 않고 하나님의 권세, 하나님의 의의 병기가 되었습니다. 헛된 삶의 본질이 예수 그리스도 안에서 새로운 피조물로 바뀌게 되었습니다.

골로새서 3:22~23

종들아 모든 일에 육신의 상전들에게 순종하되 사람을 기쁘게 하는 자와 같이 눈가림만 하지 말고 오직 주를 두려워하여 성실한 마음으로 하라 무슨 일을 하든지 마음을 다하여 주께 하듯 하고 사람에게 하듯 하지 말라

주님께 드리듯 마음을 다하여 드린다는 것은 무엇일까요? 그것이 내 삶에 어떤 가치를 갖게 될까요? 린드 존슨 미국 대통령이 미국 NASA를 방문하였을 때 일화입니다. 너무나도 열심히 청소하는 청소부를 격려했더니 그 청소부는 자신은 청소를 하는 것이 아니라 달에 우주선을 보내는 일을 하고 있다고 대답했다고 합니다.

「설득하고 싶은가? 스토리로 승부하라」의 저자 신성진 님은 자신

만의 정의를 만들라고 말합니다. 자신만의 정의를 내리면 표면적으로는 비슷해도 차이를 만들고 근본적으로 다른 일을 하게 된다고 합니다. 앞에서 말한 청소부의 '직'은 청소부이지만 '업'은 달나라에 우주선을 보내는 것이라는 새로운 정의를 갖게 됩니다. 그렇기 때문에 '직'과 '업'은 서로 다르다는 것입니다. '직'은 업무, 직위를 뜻하고 '업'은 자신이 하고 있는 일의 정의를 뜻합니다. 직위는 직장을 그만두면 아무것도 아니지만 하고 있는 일은 없어지지 않습니다. 우리는 '직'과 '업'을 구분할 줄 알아야 합니다.

그렇다면 하나님께서 주신 '업'은 무엇일까요?

고린도후서 5:18~20

모든 것이 하나님께로서 났으며 그가 그리스도로 말미암아 우리를 자기와 화목하게 하시고 또 우리에게 화목하게 하는 직분을 주셨으니 곧 하나님께서 그리스도 안에 계시사 세상을 자기와 화목하게 하시며 그들의 죄를 그들에게 돌리지 아니하시고 화목하게 하는 말씀을 우리에게 부탁하셨느니라 그러므로 우리가 그리스도를 대신하여 사신이 되어 하나님이 우리를 통하여 너희를 권면하시는 것 같이 그리스도를 대신하여 간청하노니 너희는 하나님과 화목하라 하나님은 우리에게 화목하게 하는 직분을 주셨습니다. 우리는 그리스도를 대신하여 하나님의 사신이 되었습니다. 나를 만나는 사람들은 개인을 보는 것이 아니라 나를 통하여 그리스도를 만나게 되는 것입니다.

베드로전서 2:9~10

그러나 너희는 택하신 족속이요 왕 같은 제사장들이요 거룩한 나라요 그의 소유가 된 백성이니 이는 너희를 어두운 데서 불러내어 그의 기이한 빛에 들어가게 하신 이의 아름다운 덕을 선포하게 하려 하심이라 너희가 전에는 백성이 아니더니 이제는 하나님의 백성이요 전에는 긍휼을 얻지 못하였더니 이제는 긍휼을 얻은 자니라

사도 베드로는 우리를 하나님께서 택하신 족속, 왕 같은 제사장, 거룩한 나라, 그의 백성이라고 말합니다.

직장 생활을 하다가 아이를 낳고 육아에 매여 자신의 일을 더 이상 하지 못하게 되었을 때 산후우울증을 겪는 여성들이 있습니다. 유대인들은 유대인 아버지와 이방인 어머니 사이에서 태어난 아이는 이방인이라고 합니다. 반대로 이방인 아버지와 유대인 어머니 사이에서 태어난 아이는 유대인이라고 합니다. 왜냐하면 유대인의 자녀교육은 어머니의 몫이기 때문입니다. 나라 없는 설움에 떠돌이처

럼 핍박 받으며 산다 하더라도 유대인이란 정통성과 정체성을 지키는 힘은 자녀를 돌보는 사람인 어머니에게서 비롯됩니다. 그것이 어머니의 '업'입니다.

우리가 하는 모든 일들이 하나님께서 창조하신 새로운 피조물의 역할입니다. 비록 세상에 없는 자 같고, 존재 가치가 없는 것처럼 느껴질지라도 내가 하는 모든 일은 하나님을 위해, 하나님 영광을 나타내는 거룩한 일임을 깨달아야 합니다. 무언가를 계획하고 꿈꾸는 것보다 더 중요한 것은 나의 정체성을 깨닫는 일입니다. 하나님의 영광을 드러내는 일이 나의 '업'임을 깨달아야 합니다. 엿새 동안 열심히 사는 것은 칠 일째 안식일을 하나님께 드릴 수 있는 전제조건입니다.

시간을 거룩하다고 말씀하신 하나님 앞에 우리는 서 있습니다. 하나님께서는 우리를 새로운 피조물, 아름다운 존재로 불러내셨습니다. 그리스도의 대사, 대리인으로 화목하게 하는 일들을 감당하도록 하셨습니다. 우리가 하는 모든 일들은 하나님 나라를 위한 일입니다. 모든 정성과 최선을 다하여 영광스럽게 거룩한 삶을 드릴 수 있기를 축복합니다. 그 일들을 통해 축복의 통로, 은혜의 통로로 쓰임 받기를 원합니다.

지극히 사소한 일일지라도 하나님께 삶의 예배로 드리시기를 축복합니다.

제4계명 III _ 안식일, 시간의 성소

출애굽기 20:8~11

안식일을 기억하여 거룩하게 지키라 엿새 동안은 힘써 네 모든 일을 행할 것이나 일곱째 날은 네 하나님 여호와의 안식일인즉 너나 네 아들이나 네 딸이나 네 남종이나 네 여종이나 네 가축이나 네 문안에 머무는 객이라도 아무 일도 하지 말라 이는 엿새 동안에 나 여호와가 하늘과 땅과 바다와 그 가운데 모든 것을 만들고 일곱째 날에 쉬었음이라 그러므로 나 여호와가 안식일을 복되게 하여 그 날을 거룩하게 하였느니라

십계명의 넷째 계명은 단순하고 명료합니다. 엿새 동안 힘써 네 모든 일을 행하고 일곱째 날은 아무 일도 하지 말라는 것입니다. 혹자는 이 계명을 일곱째 날 아무 일도 하지 말라는 것에 초점을 맞추

지만, 사실 일곱째 날 쉬기 위한 전제조건은 엿새 동안 힘써 모든 일을 행하는 것입니다. 그러므로 하루를 단순히 쉬라는 계명이 아니라 일주일간 어떻게 살아야 하는지에 초점을 맞춰야 합니다.

현대의 바쁜 삶 속에서 안식일의 계명은 형편이 되면 지키고 그렇지 못한 경우에는 할 수 없다는 식으로 왜곡되어 받아들여지고 있지만, 사실 안식일에 대한 이 계명은 살인하지 말라, 간음하지 말라, 도둑질하지 말라는 계명과 같이 동일한 가치를 지닌 매우 엄중한 계명입니다.

엿새 동안 일하고 일곱 째 날 쉬는 것은 창조주 되신 하나님을 기억하며, 하나님께서 행하신 대로 따라하며 닮아가는 것입니다. 땅을 정복하고 다스리라는 하나님의 '문화명령'은 아담의 범죄로 인해 생존을 위한 의무적인 일로 전락하였습니다. 하지만 예수 그리스도를 통해 우리를 새로운 피조물로 만들어 주시며 사명도 새로워졌습니다. 창조주 하나님의 뜻에 따라 회복됨으로 행하는 모든 일이 하나님 나라의 확장을 위한 '업'임을 깨달아야 한다는 것을 앞서 나누었습니다.

이번에는 성실한 삶에 대한 오해, 다시 말해 성실한 삶 이면의 게으름에 대해 살펴보려고 합니다. '부지런하지 못하다'는 뜻의 게으름은 '현상적 게으름'이라고 합니다. 이를 성경에서 가장 잘 설명하고 있는 부분이 솔로몬의 잠언서입니다.

잠언 6:6

게으른 자여 개미에게 가서 그가 하는 것을 보고 지혜를 얻으라

잠언 12:24

부지런한 자의 손은 사람을 다스리게 되어도 게으른 자는 부림을 받느니라

잠언 26:14

문짝이 돌쩌귀를 따라서 도는 것 같이 게으른 자는 침상에서 도느니라

그렇다면 성경에서 말하는 게으름의 본질은 무엇일까요? 우리가 잘 아는 달란트의 비유를 보겠습니다.

마태복음 25: 24~30

한 달란트 받았던 자는 와서 이르되 주인이여 당신은 굳은 사람이라 심지 않은 데서 거두고 헤치지 않은 데서 모으는 줄을 내가 알았으므로 두려워하여 나가서 당신의 달란트를 땅에 감추어 두

었었나이다 보소서 당신의 것을 가지셨나이다 그 주인이 대답하여 이르되 악하고 게으른 종아 나는 심지 않은 데서 거두고 헤치지 않은 데서 모으는 줄로 네가 알았느냐 그러면 네가 마땅히 내 돈을 취리하는 자들에게나 맡겼다가 내가 돌아와서 내 원금과 이자를 받게 하였을 것이니라 하고 그에게서 그 한 달란트를 빼앗아 열 달란트 가진 자에게 주라 무릇 있는 자는 받아 풍족하게 되고 없는 자는 그 있는 것까지 빼앗기리라 이 무익한 종을 바깥 어두운 데로 내쫓으라 거기서 슬피 울며 이를 갈리라 하니라

주인이 한 달란트를 땅에 묻어 두었다가 다시 가져온 종에 대해 평가합니다. 26절에서 주인은 그에게 '악하고 게으른 종'으로, 30절에서는 '무익한 종'이라고 말합니다. 게다가 어두운 데로 내쫓고 슬피 울며 이를 갈게 할 것이라고 엄한 심판을 내립니다. 주인은 어째서 이토록 엄하게 말했을까요.

24절은 이 종이 주인에 대해 설명하는 부분입니다.

당신은 굳은 사람이라 심지 않은 데서 거두고 헤치지 않은 데서 모으는 줄을 내가 알았으므로

이 종은 주인이 엄격하고 융통성도 없고 도둑 같고 날강도 같은

심보를 가졌다고 말합니다. 그래서 그 돈을 잘못 사용하였다가 낭패 보지 않으려고 땅에 묻은 것입니다. 주인이 분노한 것은 바로 자신에 대해 오해 때문이었습니다. 그래서 종에게 악하고 게으르고 아무 쓸데없는 무익한 종이라고 말하는 것입니다.

여기서 생각해 볼 지점이 있습니다.

첫째, 성경에서 말하는 게으름의 본질은 하나님을 바로 알지 못하고 자신의 방식대로 사는 것입니다. 시간을 낭비하거나 부지런하지 못함을 뜻하지 않습니다. 영적 게으름의 본질은 하나님을 알려고 노력하지 않고, 제대로 알지도 못하며, 내가 누구인지도 깨닫지 못하는 것입니다. 그리고 하나님을 알지만 잊어버리는 것, 하나님을 아는 것으로 끝나버리는 것도 영적 게으름의 본질입니다. 이 문제를 해결하는 방법이 바로 '안식일'에 있습니다.

둘째, 우리는 이미 천국 백성이지만, 여전히 죄의 영향력 아래 있다는 사실입니다. 죄의 본질은 내가 하나님처럼 되어서 하고 싶은 대로 사는 것입니다. 내 자존심대로 살고 싶어 하는 것입니다. 때로 하나님을 위한다고 하면서 사실은 자기 자신을 위해 일하는 경우가 많습니다. 선교, 구제, 전도까지도 자기 자신을 위한 일이 될 수 있다는 것입니다. 우리는 비전과 야망 사이에 끼인 죄의 본성을 지닌 사람들입니다. 이기적인 행복을 추구하며 사는 것은 내가 죄의 영향력 아래에 있다는 증거입니다. 이를 해결할 방법 역시 '안식일'에 있습니다.

셋째, 일이 너무 좋아서 일에 빠지는 것도 영적 게으름이 될 수 있다는 것입니다. 일하는 재미가 곧 함정이 될 수 있습니다. 일에 빠져 열심히 하다보면 안도감, 성취감, 만족감, 자존감이 생기고 여기에 완벽주의 성향까지 더하면 일의 노예, 일 중독자가 됩니다. 유능한 자가 완벽하면 자신을 상하게 하고, 무능한 자가 완벽하면 조직을 상하게 한다는 말이 있습니다.

교회의 일도 마찬가지입니다. 주일날 아침 일찍 교회에 와서 주일학교부터 성가대, 주일예배, 성가 연습, 오후예배, 청년부 집회까지 하루 종일 교회에 있다가 한밤중에 집에 가게 되는 경우가 있습니다. 하지만 그 많은 일을 감당하면서 가장 중요한 하나님을 놓칠 때가 있습니다. 하나님의 '일'에 집중하다가 정작 '하나님'께 집중하지 못하는 것입니다. 이론적으로는 불가능할지 모르지만, 현실적으로는 가능합니다.

일에 집중한 나머지 하나님을 잊는 것. 연약한 인간의 한계입니다. 이를 위한 해결책 또한 '안식일'입니다. 주식시장에도 급등락이 심하거나 너무 과열될 때 서킷 브레이커(Circuit Breaker)라는 것이 있습니다. 한시적으로 거래를 중단하여 과열을 방지하는 것입니다. 이처럼 안식일은 일에 너무 빠져 하나님을 잊어버리지 않도록 하는 해결책이 됩니다. 따라서 안식일은 하나님이 아닌 바로 나를 위한 처방입니다. 온 마음을 다해 하나님을 찾는 헌신과 노력이 필요합니다.

하나님께서 허락하신 쉼은 그분께 집중하는 것입니다. 하나님의 말씀을 듣고 묵상하며 찬양하는 것입니다. 찬양은 입으로 노래를 부르는 정도가 아니라 그 가사에 내 고백을 담는 것입니다. 그리고 하나님 앞에 기도하며 나아가는 것입니다. 기도는 내 요구를 일방적으로 하나님께 말하는 것이 아니라 그분의 뜻에 귀를 기울이며 하나님과 대화를 하는 것입니다.

마음을 모으고 중심을 하나님께 드리기 위해 믿음의 공동체와 나누며 교제해야 합니다. 그래서 우리는 함께 예배를 드리고 모임을 갖고 가정예배를 드리는 것입니다.

유대인 신학자인 아브라함 여호수아 헤셀(Abraham Joshua Heschel)은 '하나님께서 천지창조 이후 가장 먼저 시간을 거룩한 것으로 정하였다'고 말했습니다. 그는 하나님께서 천치창조 이후 '시간 → 사람 → 공간'의 순서로 거룩하게 하셨다고 하였습니다.

그렇다면 왜 시간을 사람이나 공간보다 먼저 거룩하게 하셨을까요?

사람은 자기 시간을 소비해 가며 공간을 채우려고 합니다. 사업, 일, 멋진 집, 멋진 차, 배우자 등 자기 욕망을 따라 채우려고 합니다. 그러나 영적인 삶에서는 공간보다 시간이 더 중요합니다. 공간에 채워진 모든 것은 시간이 지나면 모두 소멸되기 때문입니다. 엿새 동안 공간을 채우기 위해 살았다면 일곱째 날은 공간의 압박에서 벗어나 안식일 즉, 시간의 성소에 들어가라는 것입니다.

성막이 공간의 성소라면 안식일은 시간의 성소입니다. 시간의 성소에 들어가 하나님 앞에서 그분과 교제하는 것입니다. 매 주일마다 불편함을 감수하며 교회에 나와 예배를 드리는 이유는 내 모든 생각과 근심, 걱정을 다 내려놓고 하나님과 대면하기 위한 것입니다. 오직 하나님께 집중하며 부름 받은 백성의 소명을 잊지 않고 자신을 지키기 위해 마음과 생각을 새롭게 하여야 합니다. 우리에게 영원한 생명 주시기를 기뻐하시는 하나님만 바라보고 하나님께 집중함으로 행복해지는 우리가 되기를 축복합니다.

2부
네 이웃을 네 몸과 같이 사랑하라

제5계명 | _ 삶으로 보여주신 예수님

출애굽기 20:12

네 부모를 공경하라 그리하면 네 하나님 여호와가 네게 준 땅에서 네 생명이 길리라

부지런한 대장장이와 게으른 아들에 대한 이야기가 있습니다. 아버지는 게으른 아들에게 노동의 소중함을 가르치기 위해 밖에 나가서 돈을 벌어 오라고 합니다. 이를 불쌍히 여긴 어머니는 게으른 아들에게 돈을 주며 아버지께 나가서 벌어 온 돈이라고 거짓말을 시킵니다. 그러나 아버지는 아들이 가져온 돈을 타오르는 화로 속에 던져 버렸고 아들은 그걸 보고도 아무런 반응이 없었습니다. 같은 일이 반복되자 어머니도 더 이상은 안 되겠다 싶어서 게으른 아들에게 스스로 일을 해서 돈을 벌어 오라고 합니다. 아들은 어쩔 수 없이

힘들게 돈을 벌어 아버지께 가져왔으나 아버지는 그 돈마저도 불타는 화로 속에 던져 버립니다. 열심히 일해서 벌어 온 돈까지도 아버지가 불 속에 던져 넣자 아들은 다급히 화로 속에 손을 넣어 그 돈을 건져 내었다고 합니다. 마침내 아버지는 아들에게 스스로 일해서 얻는 것이 얼마나 소중한지를 일깨워 주었습니다.

이것이 아버지의 마음입니다. 자식이 바른 가치관으로 바르게 자라나는 것을 돈보다 더 소중하고 가치 있게 여기는 마음. 하나님께서 우리에게 십계명을 주신 이유도 마찬가지입니다. 어떤 기준이나 틀에 얽매이게 하려는 것이 아니라, 진리와 생명 같은 가치 있는 길이 무엇인지 가르치기 위해 십계명을 주신 것입니다.

오늘 본문 12절의 제5계명은 아주 간단 명료한 계명입니다. 십계명 중 여덟 개의 계명은 '하지 말라'는 부정명령으로 되어 있습니다. 그리고 '안식일을 기억하여 거룩하게 지키라'는 제4계명과 '네 부모를 공경하라'는 제5계명만이 긍정 명령입니다. 그런데 십계명 중에서 그것을 지켰을 때 보상을 약속하신 계명은 오직 제5계명뿐입니다. 이 계명을 잘 지키면 '네 하나님 여호와가 네게 준 땅에서 네 생명이 길리라'고 축복하십니다.

제5계명은 이해하지 못할 것이 전혀 없습니다. 너무나 단순 명료한 계명에 왜 축복의 말씀을 덧붙여 주셨을까요?

사실, 이 말씀이 분명히 맞고 옳다는 것을 잘 알고 있지만 우리는 그 말씀대로 실천하지 못하고 있습니다. 누구나 부모님을 공경해야 한다는 것을 잘 알고, 공경하기를 원한다고 생각합니다. 옳은 줄은 알지만 가장 안 되는 일 중 하나가 부모 공경일 것입니다.

우리가 성령 안에 있으면 성령의 열매를 맺게 되지만 하나님을 싫어하고 하나님을 떠나게 되면 끔찍한 죄의 열매들이 자라게 됩니다.

로마서 1:28~32

또한 그들이 마음에 하나님 두기를 싫어하매 하나님께서 그들을 그 상실한 마음대로 내버려 두사 합당하지 못한 일을 하게 하셨으니 곧 모든 불의, 추악, 탐욕, 악의가 가득한 자요 시기, 살인, 분쟁, 사기, 악독이 가득한 자요 수군수군하는 자요 비방하는 자요 하나님께서 미워하시는 자요 능욕하는 자요 교만한 자요 자랑하는 자요 악을 도모하는 자요 부모를 거역하는 자요 우매한 자요 배약하는 자요 무정한 자요 무자비한 자라 그들이 이같은 일을 행하는 자는 사형에 해당한다고 하나님께서 정하심을 알고도 자기들만 행할 뿐 아니라 또한 그런 일을 행하는 자들을 옳다 하느니라 사람이 마음에 하나님을 두기 싫어할 때 하는 일 중에 부모를 거역하는 것도 포함되어 있습니다. 그러한 일을 하는 사람들에 대한 하나님의 평가는 사형에 해당한다는 것입니다. 살인, 분쟁, 사기, 악독 등 무시무시한 죄와 같이 부모를 거역하는 것 또한 동일하다고 말씀하고 있습니다.

이러한 일들은 말세에 나타난다고 합니다. '말세'는 하나님의 말씀을 거역하는 악이 가득하고 팽배한 때를 말합니다.

디모데후서 3:1~5

너는 이것을 알라 말세에 고통하는 때가 이르러 사람들이 자기를 사랑하며 돈을 사랑하며 자랑하며 교만하며 비방하며 부모를 거역하며 감사하지 아니하며 거룩하지 아니하며 무정하며 원통함을 풀지 아니하며 모함하며 절제하지 못하며 사나우며 선한 것을 좋아하지 아니하며 배신하며 조급하며 자만하며 쾌락을 사랑하기를 하나님 사랑하는 것보다 더하며 경건의 모양은 있으나 경건의 능력은 부인하니 이같은 자들에게서 네가 돌아서라

이러한 악한 일을 행하는 자들에게서 돌아서라고 말씀하십니다.

왜 돌아서라고 하실까요? 그들에게는 거대하고 엄중한 심판이 있기 때문입니다. 그런 심판을 초래할 악한 일들 중 하나가 '부모를 거역하는 것'입니다. 심각하게 생각하지 않을 수 있지만 하나님께서는

너무나 싫어하시는 죄입니다.

하나님을 믿는 사람이 하는 일 중 하나가 경건의 모양을 갖추는
것입니다.

마가복음 7:5~13

이에 바리새인들과 서기관들이 예수께 묻되 어찌하여 당신의 제
자들은 장로들의 전통을 준행하지 아니하고 부정한 손으로 떡을
먹나이까 이르시되 이사야가 너희 외식하는 자에 대하여 잘 예
언하였도다 기록하였으되 이 백성이 입술로는 나를 공경하되 마
음은 내게서 멀도다 사람의 계명으로 교훈을 삼아 가르치니 나
를 헛되이 경배하는도다 하였느니라 너희가 하나님의 계명은 버
리고 사람의 전통을 지키느니라 또 이르시되 너희가 너희 전통
을 지키려고 하나님의 계명을 잘 저버리는도다 모세는 네 부모
를 공경하라 하고 또 아버지나 어머니를 모욕하는 자는 죽임을
당하리라 하였거늘 너희는 이르되 사람이 아버지에게나 어머니
에게나 말하기를 내가 드려 유익하게 할 것이 고르반 곧 하나님
께 드림이 되었다고 하기만 하면 그만이라 하고 자기 아버지나
어머니에게 다시 아무 것도 하여 드리기를 허락하지 아니하여
너희가 전한 전통으로 하나님의 말씀을 폐하며 또 이같은 일을
많이 행하느니라 하시고

하나님을 잘 믿고 그분이 명하신 일들을 그대로 좇아서 행한다고 하는 바리새인과 서기관들을 책망하시는 예수님의 말씀입니다. 하나님의 말씀대로 행하는 자들이 '고르반'이라고 하면서 부모님께 드려야 할 것을 하나님께 드렸다고 하는 것. 디모데후서에서 말씀하시는 '경건의 모양은 갖추었으나 경건의 능력은 사라지고 없는' 행위들입니다. 하나님을 빙자하여 부모님께 해야 할 마땅한 도리를 하지 않는 것입니다.

하나님을 섬기는 사람들에게서 왜 이런 모습이 나올까요?

자기 자신을 너무 사랑하기 때문입니다. 그것이 죄의 본질입니다. 죄 가운데 가장 핵심적인 것이 자기 사랑입니다. 자기 자신이 곧 하나님이 되는 것입니다. 자기 자신을 위해서는 모든 것을 수단이나 도구로 생각한다는 것입니다. 그렇기 때문에 부모님까지도 수단과 도구로 전락시키는 것입니다.

물론 여기서 우리는 부모님에 대해 다른 질문을 할 수 있습니다.

첫째는 자식을 너무나 힘들게 하는 부모님, 부모 같지도 않은 부모님을 어떻게 공경할 수 있는가 하는 것입니다. 둘째는 성경 말씀과 상반되는 부모님을 어떻게 공경할 수 있는가 하는 문제입니다.

그러나 본문 출애굽기 말씀에는 그 어떤 조건도 제시되어 있지 않습니다. 어떤 부모라 하더라도 '네 부모를 공경하라'고 하시는 것입니다. 에베소서 6장 1~3절, 골로새서 3장 20절에서 말씀하고 있는 것과 같이 '주 안에서' 모든 일에 부모에게 순종하라고 하십니다. 이 것이 '주 안에서' 기쁘게 하는 것이라고 말씀하십니다. 우리는 때때로 이 말씀을 받아들이기 힘들다고 생각합니다.

그럼에도 불구하고 '부모를 공경하라'고 하시는 하나님의 의도는 무엇일까요?

부모님은 나를 둘러싼 다른 것들과 근본적인 차이가 있습니다. 부모님은 내가 선택할 수 없다는 것입니다. 내 직장, 주거환경, 배우자 등은 다 선택할 수 있지만, 부모님은 아닙니다. 하나님의 계획과 섭리, 하나님의 인도하심으로 주어졌기 때문입니다. 때때로 이해하기 힘든 경우에도 부모님의 말씀에 순종해야 하는 것은 하나님께서 나의 삶의 주권자이심을 인정하는 행동이 되기 때문입니다.

부모님께 순종하는 것이 하나님을 경외하고 사랑하는 방법이 되는 것입니다. 하나님의 섭리를 다 알 수 없지만, 합력하여 선을 이루시는 것을 믿습니다. 하나님은 우리가 바른 정신, 바른 뜻을 갖기 원하십니다.

그렇다면 어떻게 하면 하나님을 경외하는 것처럼 부모를 공경할 수 있을까요?

첫째는 감사함으로 공경하여야 합니다.

둘째는 수용함으로 공경하여야 합니다. 부모님을 존중한다는 것은 수용하기 어렵더라도 수용하여야 함을 말합니다. 하나님께 내 모습 이대로 받아달라고 하고, 배우자에게도 그대로 받아달라고 한다면 우리도 부모님의 모습 그대로를 수용해야 합니다. 그것이 공경입니다.

셋째는 부모님이 원하시는 대로 공경하여야 합니다. 부모님의 마음을 헤아리는 것과 실제 부모의 마음은 다릅니다. 부모님이 원하시는 대로 공경하려면 내 방식대로의 사랑을 내려놓아야 합니다. 부모님이 원하시는 대로 순종하는 것이 부모님을 공경하는 것입니다.

부모 공경의 진정한 모델은 누구일까요? 바로 예수님이십니다. 마리아와 요셉은 완벽한 부모였을까요? 부모님에 대한 예수님의 태도는 어땠을까요?

첫 번째는 가나안 혼인잔치(요한복음 2:1~11)에서의 예수님 모습을 생각해 볼 수 있습니다.

혼인 잔치에서 포도주가 떨어지자 예수님의 어머니이신 마리아는 아들 예수에게 '저들에게 포도주가 없다'고 말합니다(3절). 이에 예수님은 '여자여 나와 무슨 상관이 있나이까 내 때가 아직 이르지 아니하였나이다'라고 대답합니다(4절). 그러나 마리아는 하인들에게 '너희에게 무슨 말씀을 하시든지 그대로 하라'고 말합니다(5절). 예수님은 자신의 때가 이르지 않았다고 말씀하셨지만, 그럼에도 불구하고 어머니께 어떤 거절의 말씀도 하시지 않고 그대로 순종하셨습니다.

두 번째는 십자가상에서의 예수님 모습입니다(요한복음 19:25~27). 십자가에 못 박힌 상태로 말을 하려면 참을 수 없는 고통을 감수해야 합니다. 말은커녕, 숨쉬기도 힘든 상황에서 홀로 남겨질 어머님에 대한 예수님의 애틋한 마음을 나타내십니다. 예수님은 자기의 어머니와 사랑하시는 제자가 곁에 서 있는 것을 보시고 '여자여 보소서 아들이니이다(26절)'하시고 제자에게는 '네 어머니라(27절)'하시므로 그때부터 제자는 자기 집에 예수님의 어머니를 모셨습니다(27절).

십자가에서의 모든 일은 피조물을 위해, 하나님 나라의 영광을 위해, 온 우주를 위한 것이었습니다. 그 크고 그 위대한 일을 하는 중에도 예수님은 육신의 어머니를 생각하셨습니다.

예수님은 육신의 어머니께만 모범적인 아들이 되신 것이 아닙니다. 영혼의 아버지께도 모범적인 아들이셨습니다.

마태복음 26:39

조금 나아가사 얼굴을 땅에 대시고 엎드려 기도하여 이르시되 내 아버지여 만일 할 만하시거든 이 잔을 내게서 지나가게 하옵소서 그러나 나의 원대로 마시옵고 아버지의 원대로 하옵소서

하시고

마태복음 26:42

다시 두 번째 나아가 기도하여 이르시되 내 아버지여 만일 내가 마시지 않고는 이 잔이 내게서 지나갈 수 없거든 아버지의 원대로 되기를 원하나이다 하시고

예수님은 당신의 뜻이 아니라 오직 아버지의 뜻대로 이루어지기를 바라셨습니다. 영원하신 아버지를 위한 순종이었습니다. 이것이 예수님의 태도입니다. 십자가에서 죽으시고 부활 승천하심으로 우리의 구원자 되신 예수님의 삶의 모습입니다. 이러한 예수님이 우리 삶의 모델이 되시고 우리의 사표(師表)가 되십니다. 예수님은 가르치심과 함께 구체적인 삶의 모습을 통해 우리에게 보여주셨습니다.

그렇다면 우리는 어떻게 부모를 공경할 수 있을까요.

우리가 해야 하는 단 한 가지는 '예수님을 똑바로 믿는 것'입니다. 내 힘, 내 방식대로가 아니라 나의 그릇된 자아, 나의 죄를 내려놓고 하나님께서 참으로 기뻐하시는 모습, 바로 예수님의 모습으로 나아가야 합니다. 예수님의 영으로 충만해야 하나님께서 기뻐하시는 모습으로 부모님을 사랑할 수 있습니다.

내 방식과 어리석음을 녹여 주시고 부숴 주시고 깨뜨려 주옵소

서. 예수를 바로 믿을 때 가능한 기도입니다. 예수로 충만하시기를 원합니다. 예수를 바르게 믿기를 원합니다.

부모를 진정으로 사랑하는 일은 예수 그리스도를 진정으로 믿는 사람만이 가능합니다. 육신의 부모님, 영혼의 아버지를 진정으로 공경하시기를 축복합니다.

제5계명 II _ 누가 내 부모인가?

출애굽기 20:12

네 부모를 공경하라

요한복음 8:31~47

그러므로 예수께서 자기를 믿은 유대인들에게 이르시되 너희가 내 말에 거하면 참으로 내 제자가 되고 진리를 알지니 진리가 너희를 자유롭게 하리라 그들이 대답하되 우리가 아브라함의 자손이라 남의 종이 된 적이 없거늘 어찌하여 우리가 자유롭게 되리라 하느냐 예수께서 대답하시되 진실로 진실로 너희에게 이르노니 죄를 범하는 자마다 죄의 종이라 종은 영원히 집에 거하지 못하되 아들은 영원히 거하나니 그러므로 아들이 너희를 자유롭게 하면 너희가 참으로 자유로우리라 나도 너희가 아브라함의 자손인 줄 아노라 그러나 내 말이 너희 안에 있을 곳이 없으므로 나를 죽이려 하는도다 나는 내 아버지에게서 본 것을 말하고 너희는 너희 아비에게서 들은 것을 행하느니라 대답하여 이르되 우리 아버지는 아브라함이라 하니 예수께서 이르시되 너희가 아브라함의 자손이면 아브라함이 행한 일들을 할 것이거늘 지금 하나님께 들은 진리를 너희에게 말한 사람인 나를 죽이려 하는도다 아브라함은 이렇게 하지 아니하였느니라 너희는 너희 아비가 행한 일들을 하는도다 대답하되 우리가 음란한 데서 나지 아니하였고 아버지는 한 분뿐이시니 곧 하나님이시로다 예수께서 이르시되 하나님이 너희 아버지였으면 너희가 나를 사랑하였으리니 이는 내가 하나님께로부터 나와서 왔음이라 나는 스스로 온 것이 아니요 아버지께서 나를 보내신 것이니라 어찌하여 내 말을 깨닫지 못하느냐 이는 내 말을 들을 줄 알지 못함이로다 너희는 너희 아비 마귀에게서 났으니 너희 아비의 욕심대로 너희도 행하고자 하느니라 그는 처음부터 살인한 자요 진리가 그 속에 없으므로 진리에 서지 못하고 거짓을 말할 때마다 제 것으로 말하나니 이는 그가 거짓말쟁이요 거짓의 아비가 되었음이라 내가 진리를 말하므로 너희가 나를 믿지 아니하는도다 너희 중에 누가 나를 죄로 책잡겠느냐 내가 진리를 말하는데도 어찌하여 나를 믿지 아니하느냐 하나님께 속한 자는 하나님의 말씀을 듣나니 너희가 듣지 아니함은 하나님께 속하지 아니하였음이로다 십계명 묵상 중 제5계명을 살펴보고 있습니다. 제5계명은 단순명료하게 네 부모를 공경하라, 순종하라, 사랑하라는 것입니다. 그렇다면 이 계명에 어떤 의미가 있을까요? 여기서 이런 질문을 던질 수 있을 것 같습니다.

'누가 내 부모인가?'

1차적으로 육신의 부모를 생각할 것입니다. 계속 말씀드렸지만, 십계명은 출애굽 이후 하나님께서 허락하신 약속의 땅으로 들어가는 과정에서 이스라엘 백성들에게 주신 계명으로 세상의 법전이나 상대방에 대한 배려의 차원이 아니라 하나님의 백성으로 어떻게 살기 원하시는지에 관한 내용입니다.

제1계명에서 제4계명은 하나님과의 관계, 제5계명에서 제10계명은 이웃과의 관계에 대한 계명입니다만, 본질적으로 모든 계명은 하나님을 위한 것입니다. 제6계명에서 제10계명은 아버지를 닮은 자녀의 모습으로 살기를 권고하는 내용으로 하나님을 섬기고 경외하는 방법에 대한 계명입니다.

본문을 살펴보면 하나님 아버지 외에 마귀 아버지(44절)도 있음을 알 수 있습니다. 사탄은 직설적이지 않습니다. 뒤에 숨어서 조종하면서 절대 겉으로 드러내지 않습니다. 하나님께서는 아담에게

'너는 나의 피조물이고, 나는 너의 창조주이므로 너는 내 말을 들으라. 너의 주인은 나, 하나님이다'라는 의미에서 선악과를 두시고 먹지 말라고 하셨습니다. 그러나 사탄은 '너의 주인은 하나님이 아니라 바로 네 자신이다'라고 말하며 선악과를 먹으면 하나님처럼 될 수 있다고 유혹하였습니다. 이는 '스스로 자신의 삶의 주인이 되라'고 조종하는 것으로 이대로 행하면 하나님을 떠나 사탄의 수하에 들어가 마귀 아버지의 자녀가 되고 맙니다.

그렇다면 하나님 아버지의 특성은 무엇일까요? 제6계명에서 제10계명에 있는 것처럼 하나님 아버지는 인격적 특성을 가지고 있습니다. 그러므로 우리는 '나는 어떤 존재인가', '왜 이 계명을 지켜야 하는가', '과연 내 아버지는 누구인가'를 생각해 보아야 합니다.

본문의 내용은 누구의 말을 순종해야 하는지에 관한 것으로 다시 말해 '누가 내 아버지인가?'의 논쟁입니다.

요한복음 8장 앞부분을 살펴보면 예수님은 바리새인들을 향하여 '나는 세상의 빛이며(12절), 나는 혼자 있는 것이 아니요 나를 보내신 이가 함께 계시며(16절), 내가 나를 위하여 증언하는 자가 되고 아버지도 나를 위하여 증언하신다(18절)'라고 말씀하십니다. 그리고 유대인들에게 '너희가 인자를 든 후에야 내가 그인 줄 알게 될 것이다(28절).' 그리고 '나를 보내신 이가 나와 함께 하시고 나는 항상 그가 기뻐하시는 일을 행함으로 나를 혼자 두지 아니하셨다(29절)'고 말씀하시며 '너희가 내 말에 거하면 참으로 내 제자가 되고 진리를 알지니 진리가 너희를 자유롭게 하리라(31~32절)'고 말씀하십니다.

이에 대해 유대인들은 반발합니다.

유대인들은 '아브라함의 자손으로 남의 종이 된 적이 없는데 어찌하여 우리가 자유롭게 되리라(33절)'고 하는지 따져 물으며 '우리 아버지는 아브라함이라(39절)'고 대답합니다.

예수님은 유대인들의 대답을 들으시고 '나도 너희가 아브라함의 자손인 줄 안다(37절)' 그러나 '아브라함의 자손이면 아브라함이 행한 일들을 할 것인데 너희들은 왜 나를 죽이려 하느냐, 아브라함은 그렇게 하지 아니하였다(39~40절)'고 하시며, '너희 조상 아브라함은 나의 때 볼 것을 즐거워하다가 보고 기뻐하였다(56절)'고 말씀하십니다. 이는 유대인들이 육신으로나 혈통으로는 아브라함의 자녀이나 '죄를 범하는 자마다 죄의 종(34절)'이므로 영적으로는 아브라함의 자녀가 아니라는 뜻입니다.

유대인들은 예수님의 말씀을 듣고 다시 반박합니다.

'우리가 음란한 데서 나지 아니하였고 아버지는 한 분이시니 곧 하나님이시다(41절)'라며 또 다른 의견을 말합니다. 그러나 예수님은 이에 대해 '하나님이 너희 아버지였으면 너희가 나를 사랑하였을 것이다. 나는 스스로 온 것이 아니라 아버지께서 나를 보내신 것이다(42절). 그리고 내 말을 깨닫지 못하고 내 말을 들을 줄 모르는 너희는 너희 아비 마귀에서 났으니 너희 아비의 욕심대로 너희도 행한다(43~44절)'라고 말씀하시며 '마귀는 처음부터 살인한 자요 진리가 그 안에 없으므로 진리에 서지 못하고 거짓을 말 할 때마다 제 것으로 말하니 이는 그가 거짓말쟁이요 거짓의 아비(44절)'라고 단호하게 말씀하십니다.

나무만 보면 그것이 어떤 나무인지 잘 모릅니다. 그러나 그 열매를 보면 어떤 나무인지 알게 됩니다. 우리의 정체성도 마찬가지입니다. 삶의 열매들을 통해 우리가 누구의 자식인지 알게 됩니다. 자식은 부모를 닮기 마련입니다. 내 안에 누가 있는가에 따라 삶의 열매는 달라집니다. 유대인과 바리새인들은 아브라함의 자녀, 하나님의 자녀라고 말하지만 그들의 삶의 열매를 볼 때 그들은 살인자요, 진리가 그 안에 없으므로 진리에 서지 못하는 거짓말쟁이였습니다.

요한1서 2:16

이는 세상에 있는 모든 것이 육신의 정욕과 안목의 정욕과 이생의 자랑이니 다 아버지께로부터 온 것이 아니요 세상으로부터 온 것이라 육신의 정욕과 안목의 정욕, 이생의 자랑은 모두 사탄과 마귀의 영향을 받는 것입니다. '안목의 정욕'은 내 눈에 보기 좋은 것들이며, '이생의 자랑'은 결국 자기만족, 자기사랑, 자기의(義)가 되는 일들로 이 모든 것은 사탄의 열매입니다.

하나님께 속한 자들이 맺는 열매는 따로 있습니다.

에베소서 5:9

빛의 열매는 모든 착함과 의로움과 진실함에 있느니라

갈라디아서 5:22~23

오직 성령의 열매는 사랑과 희락과 화평과 오래 참음과 자비와 양선과 충성과 온유와 절제니 이같은 것을 금지할 법이 없느니라

하나님의 자녀인 우리의 열매는 빛의 열매, 성령의 열매로 나타납니다. 그 이유는 요한1서 4장 7~11절을 통해 알 수 있습니다.

요한1서 4:7~11

사랑하는 자들아 우리가 서로 사랑하자 사랑은 하나님께 속한 것이니 사랑하는 자마다 하나님으로부터 나서 하나님을 알고 사랑하지 아니하는 자는 하나님을 알지 못하나니 이는 하나님은

사랑이심이라 하나님의 사랑이 우리에게 이렇게 나타난 바 되었으니 하나님이 자기의 독생자를 세상에 보내심은 그로 말미암아 우리를 살리려 하심이라 사랑은 여기 있으니 우리가 하나님을 사랑한 것이 아니요 하나님이 우리를 사랑하사 우리 죄를 속하기 위하여 화목 제물로 그 아들을 보내셨음이라 사랑하는 자들아 하나님이 이같이 우리를 사랑하셨은즉 우리도 서로 사랑하는 것이 마땅하도다

우리의 아버지이신 하나님은 사랑이시기 때문입니다(8절). 하나님께서 우리를 사랑하셨으므로 하나님의 자녀인 우리도 서로 사랑하는 것이 마땅하다고 하십니다.

여기에 유대인들의 오해가 있습니다. 유대인들은 혈통이나 할례를 통해서만 하나님의 자녀가 될 수 있다고 생각하였습니다. 그렇기 때문에 자기의 의를 내세우고 할례 받지 못한 자들을 무시하였습니다. 그렇다면 누가 하나님의 자녀일까요.

요한복음 1:11~13

자기 땅에 오매 자기 백성이 영접하지 아니하였으나 영접하는 자 곧 그 이름을 믿는 자들에게는 하나님의 자녀가 되는 권세를 주셨으니 이는 혈통으로나 육정으로나 사람의 뜻으로 나지 아니하고 오직 하나님께로부터 난 자들이니라

아브라함의 혈통이나 세상의 권세로는 하나님의 자녀가 될 수 없습니다. 세상에서 가진 권력, 재물은 사람들을 두렵게 할 수는 있으나 그것이 하나님 자녀의 조건이 될 수는 없습니다. 하나님의 자녀는 오직 예수 그 이름을 믿는 자, 그를 영접하는 자만이 될 수 있습니다.

요한복음 3:5~7

예수께서 대답하시되 진실로 진실로 네게 이르노니 사람이 물과 성령으로 나지 아니하면 하나님의 나라에 들어갈 수 없느니라 육으로 난 것은 육이요 영으로 난 것은 영이니 내가 네게 거듭나야 하겠다 하는 말을 놀랍게 여기지 말라

하나님의 자녀는 물과 성령으로 거듭나야 합니다. 하나님의 자녀라면, 예수님을 믿음으로 영접하였다면 삶의 열매는 달라져야 합니다. 성령의 열매들로 채워져야 합니다.

얼마 전 만난 한 택시 기사님을 통해 받은 은혜를 잠깐 나누려고 합니다.

버스를 기다리다 지쳐 약간 언짢은 기분으로 택시를 탄 저에게 기사님은 사탕 하나를 건네며 "좋은 분이 타셔서 좋은 일이 있을 것 같습니다. 사탕 하나 드시고 웃으세요."라고 인사를 건네셨습니다.

자연스럽게 그분과 대화를 통해 과거에 대한 이야기를 듣게 되었습니다. 기사님은 지인 때문에 평생 모은 돈을 사기 당했고, 삶을 송두리째 빼앗겼다고 생각한 그분은 자신에게 사기 친 사람을 죽이려고 2년 동안 찾아다녔다고 합니다. 그러던 어느 날, 문득 하나님께서 새로운 깨달음을 주셨는데, '정말 사기를 당한 것이 그 사람 때문인가'하는 것이었습니다. 욕심 때문에 더 많이 가지려다 모든 것을 잃게 되었음을 마침내 깨닫고 새 출발을 결심했다고 합니다. 그리고 택시 기사를 시작하며 다른 사람들에게 웃음의 물꼬를 터주는 사람이 되어야겠다고 결심하고 승객들에게 사탕을 건네주신다고 합니다. 다른 기사들이 귀찮아하는 노인들, 아이 동반 손님들, 그리고 장애인들을 최우선적으로 태우려고 한다는 말도 하였습니다.

그분은 지금도 이렇게 기도한다고 합니다. 내 마음을 나도 믿을 수 없으니 언제 바뀔지 모르는 내 마음이 변하지 않게 해 달라고. 내 생각에 빠지지 않고, 내 자신을 의지하지 않게 달라고 기도하신다고 합니다. 기사님은 육십 평생 한 번도 전도를 한 적이 없다고 했습니다. 그러나 지금은, 하나님의 이야기를 빼고서는 도저히 자기의 삶을 설명할 수 없다고 합니다.

이것이 물과 성령으로 거듭난 모습이고 예수님을 주인으로 삼는 사람의 모습입니다. 유대인들처럼 이생의 자랑이 우리의 열매가 되지 않기를 기도합니다. 지금까지의 삶 가운데 성령의 열매가 가득한지 되돌아보아야 합니다.

아직도 예수님을 내 삶의 주인으로 영접하지 못했다면, 영접했다 하더라도 하나님의 말씀이 아니라 세상에 더 속한 사람이라면 물과 성령으로 거듭남으로 하늘의 영광을 누리시기를 간절히 바랍니다.

제6계명 | _참된 회개

출애굽기 20:13

살인하지 말라

마태복음 5:21-26

옛 사람에게 말한 바 살인하지 말라 누구든지 살인하면 심판을 받게 되리라 하였다는 것을 너희가 들었으나 나는 너희에게 이르노니 형제에게 노하는 자마다 심판을 받게 되고 형제를 대하여 라가라 하는 자는 공회에 잡혀가게 되고 미련한 놈이라 하는 자는 지옥 불에 들어가게 되리라 그러므로 예물을 제단에 드리려다가 거기서 네 형제에게 원망들을 만한 일이 있는 것이 생각나거든 예물을 제단 앞에 두고 먼저 가서 형제와 화목하고 그 후에 와서 예물을 드리라 너를 고발하는 자와 함께 길에 있을 때에

급히 사화하라 그 고발하는 자가 너를 재판관에게 내어 주고 재
판관이 옥리에게 내어 주어 옥에 가둘까 염려하라 진실로 네게
이르노니 네가 한 푼이라도 남김이 없이 다 갚기 전에는 결코 거
기서 나오지 못하리라

십계명 중 제6계명을 통해 하나님의 뜻을 살펴보고자 합니다.

모세는 하나님의 말씀을 받아 이스라엘 백성들에게 전하였습니
다. 그러나 예수님은 '내가 너희에게 이른다'라고 말씀하심으로 신
적 권위, 즉 하나님과 동일한 권위를 가지고 말씀하셨습니다. 제6계
명 '살인하지 말라'는 것에 대해 해석하지 않고 예수님 스스로의 권
위를 가지고 하나님의 뜻을 선포하신 것입니다.

'살인하지 말라'는 계명에 대해 유대인들은 '직접 목숨을 끊는 것
이 아니면 괜찮다'는 뜻으로 해석하였습니다.

사람의 죽음에는 세 단계가 있다고 합니다. 뇌가 더 이상 활동하
지 않는 뇌사, 심장이 멎는 심장사, 마지막으로 세포까지 죽는 세포
사의 과정을 거친다고 합니다. 의학적으로 말하면 죽음은 심장사를
의미합니다.

그러나 예수님은 심장뿐 아니라 죽음의 열매를 맺게 하는 씨앗,
본성, 본질적인 것이 더 문제라고 말씀하십니다. 마태복음에서 예수
님은 세 가지의 사례를 들어 살인에 맞먹는 행위를 알려주십니다.

나는 너희에게 이르노니 형제에게 노하는 자마다 심판을 받게 되고 형제를 대하여 라가라 하는 자는 공회에 잡혀가게 되고 미련한 놈이라 하는 자는 지옥 불에 들어가게 되리라

여기서 지옥 불은 '죽고 나서도 형벌이 지속됨'을 말합니다.

첫 번째 사례는 노하는 자이며 두 번째 사례는 '라가'라 하는 자, 그리고 세 번째 사례는 미련한 놈이라 하는 자입니다.

첫 번째, '형제에게 노한다는 것'은 화를 냄으로써 분노의 감정을 표출하는 것, 다시 말해 화를 쏟아 내는 것을 말합니다. 남의 분노를 입은 사람은 살인을 당한 것과 같다고 말씀하시는 것입니다.

두 번째, '라가'는 헬라어로 '라카'라고 하는 것으로 '골이 비었다'는 뜻입니다. 멍텅구리, 멍청이, 바보라는 뜻입니다. 이는 멸시, 천대와 같은데 멸시는 업신여김, 그러니까 교만한 마음으로 다른 사람을 하찮게 여기는 것입니다. 천대는 천하게 대하는 것으로 상대방을 경멸하고 깔보며 우습게 보는 마음입니다. 남을 낮추는 것도 문제지만, 나는 똑똑할 거라 믿는 자만과 교만이 전제됐다는 점에서 문제입니다. 흔히 '~한 주제에'라는 표현으로 상대방을 무시하는 경우가 있습니다. 그러나 예수님의 시각에서는 이렇게 상대방을 무시하고 낮추고 얕잡아 보며 '라가'라고 하는 사람은 공회에 잡혀가야 할 잘못입니다. 즉, 사람을 죽이는 것과 동일하다는 것입니다.

세 번째, '미련한 놈'이라 하는 것은 비난하고 정죄하는 것으로 상
대방의 결점을 잡아 욕을 하는 것입니다. 모든 문화권에는 욕 문화
가 있습니다. 우리나라에도 직설적인 욕도 있지만, 사물이나 짐승
등에 빗대거나 운율이나 장단에 맞춘 욕도 있습니다. 다시 말해, 욕
할 마음만 있다면 모든 것이 욕의 수단이 될 수 있다는 것입니다.
예수님은 상대방을 비난하고 욕하는 것도 살인하는 것과 동일하다
고 보십니다.

이처럼 유대인들의 생각과 예수님의 시각에는 분명한 차이가 있
습니다. 유대인들은 구체적인 행동으로 사람의 목숨을 끊게 해야 살
인이라고 생각하지만, 예수님은 감정의 표출, 부정적인 말로 상대방
을 경멸, 비난하는 말도 살인이 될 수 있다고 말씀하십니다.

그렇다면 감정적으로 사람을 죽이는 것이 왜 문제가 될까요?
사람들은 이런 감정적인 문제를 하나님을 통해 해결하려고 하지
만 여기서 오해가 생길 수 있습니다.

마태복음 5:23~24
그러므로 예물을 제단에 드리려다가 거기서 네 형제에게 원망들
을 만한 일이 있는 것이 생각나거든 예물을 제단 앞에 두고 먼저
가서 형제와 화목하고 그 후에 와서 예물을 드리라

우리가 성전에 나아와 예물을 드리는 이유는 하나님과의 화목하려 하기 위함입니다. 그러나 예수님께서는 하나님과의 일을 마무리하기 원한다면 사람과의 일을 먼저 마무리하라고 말씀하십니다. 이스라엘 백성들이 드렸던 번제, 소제, 속죄제, 속건제 그리고 화목제 등 모든 제사에서 하나님과의 화목을 위해 예물을 드렸습니다. 그러나 예수님은 예물을 드리는 과정에서 다른 사람들을 비난하거나 멸시한 것이 생각나면 중단하고 형제와 먼저 화해한 후에 예물을 드리라고 말씀하십니다.

살인은 내 손에 피를 묻히는 것입니다. 형제를 비난했다는 것은 내 손에 피가 묻었다는 뜻이며 그 상태로는 하나님 앞에 나아갈 수 없습니다. 겉으로는 멀쩡한 것 같지만, 그리스도의 진리의 빛으로 훑어본다면 피 묻은 내 모습을 보게 된다는 것입니다. 그렇기 때문에 우리가 드리는 그 예배, 그 제물은 온전해질 수 없습니다.

그러므로 하나님 앞에 예물을 드리기 전에 먼저 사람과의 관계가 회복되어야 합니다.

참된 회개란 무엇일까요?

지, 정, 의, 행위까지 포함되는 것으로 내가 저지른 죄를 바로 알고, 그것을 애통해하며 내 의지로 죄를 고백하며 행위, 또 법률적, 도덕적 책임까지 지는 것을 뜻합니다. 예수님은 그냥 슬쩍 넘어가지 말고 철저히 사과하고 용서 받고 나오라고 하십니다.

그런데 끝까지 자신의 잘못을 인정하지 않고 버틴다면 어떻게 되는지 보겠습니다.

너를 고발하는 자와 함께 길에 있을 때에 급히 사화하라 그 고발하는 자가 너를 재판관에게 내어 주고 재판관이 옥리에게 내어 주어 옥에 가둘까 염려하라 진실로 네게 이르노니 네가 한 푼이라도 남김이 없이 다 갚기 전에는 결코 거기서 나오지 못하리라

예수님은 우리에게 급히 사화, 즉 사과하고 화해하라고 하십니다. 고발하는 자가 재판관에게 넘겨 주어 옥에 가둘까 염려하라는 것입니다. 다 갚기 전에는 옥에서 절대로 나오지 못할 것이라 말씀하십니다.

여기서 '고발하는 자'와 '재판관'은 누구를 가리키는 것인지 누가복음에서 힌트를 찾을 수 있습니다.

이 과부가 나를 번거롭게 하니 내가 그 원한을 풀어 주리라 그렇지 않으면 늘 와서 나를 괴롭게 하리라 하였느니라 주께서 또 이르시되 불의한 재판장이 말한 것을 들으라 하물며 하나님께서

그 밤낮 부르짖는 택하신 자들의 원한을 풀어 주지 아니하시겠느냐 그들에게 오래 참으시겠느냐 내가 너희에게 이르노니 속히 그 원한을 풀어 주시리라 그러나 인자가 올 때에 세상에서 믿음을 보겠느냐 하시니라

내가 가진 원한만이 원한이 아니라는 것입니다. 우리는 내가 받은 피해, 내가 받은 상처만 생각합니다. 그러나 주님께서는 우리로 인해 상처 받은 자가 하나님께 하소연 하는 것을 두려워하라고 말씀하십니다. 사화하지 않는다면 여전히 살인자로 여겨질 수 있습니다.

장차 오게 될 심판뿐만 아니라 지금 이 순간, 이 자리가 심판의 자리가 될 수 있습니다. 감옥도 될 수 있습니다. 비난과 부정적 감정으로 마음이 가득하다면 내 영혼을 감옥에 가두는 것입니다. 분노, 비난이 도리어 쇠사슬, 속박, 차꼬가 됩니다. 이것을 해결할 유일한 방법은 사화하는 것입니다. 사과하고 화해하는 것입니다. 하나님의 말씀은 정보나 지식이 아니라 구체적으로 실천해야 하는 것입니다.

그런데 왜 우리는 사화하지 않을까요?

디모데후서 3:1~5

너는 이것을 알라 말세에 고통하는 때가 이르러 사람들이 자기를 사랑하며 돈을 사랑하며 자랑하며 교만하며 비방하며 부모

를 거역하며 감사하지 아니하며 거룩하지 아니하며 무정하며 원
통함을 풀지 아니하며 모함하며 절제하지 못하며 사나우며 선한
것을 좋아하지 아니하며 배신하며 조급하며 자만하며 쾌락을 사
랑하기를 하나님 사랑하는 것보다 더하며 경건의 모양은 있으나
경건의 능력은 부인하니 이같은 자들에게서 네가 돌아서라

사화하지 않는 근본적인 이유는 말세에 사람이 자기를 사랑하기
때문입니다. 즉, 그릇된 자기 사랑으로 자존심에 사로잡혀 잘못한
줄 알면서도 그것을 인정하지 않기 때문입니다.

이것을 해결하는 방법은 그 앞에 있는 디모데후서에 있습니다.

디모데후서 2:25~26

거역하는 자를 온유함으로 훈계할지니 혹 하나님이 그들에게 회
개함을 주사 진리를 알게 하실까 하며 그들로 깨어 마귀의 올무
에서 벗어나 하나님께 사로잡힌 바 되어 그 뜻을 따르게 하실까
함이라

우리가 회개하여 마귀의 올무에서 벗어날 수 있는 방법은 훈계를
받아 예수 그리스도를 바로 아는 것입니다. 예수님과 그분의 말씀
앞에 나아가는 것입니다. 예수 그리스도께 복종하고 그 앞에 꿇어

엎드려 회개함으로 올무로부터 벗어날 수 있습니다.

예수를 바로 믿는 것은 지식이나 정보로 될 일이 아니라 내 삶이 실제로 변화되는 것입니다. 내 행위가 바뀌어야 진정한 회개의 자리에 이르는 것입니다. '내가 살인자다'라고 깨달아야 합니다.

설교자이기 전에 예수님 앞에 한 사람의 성도로서 우리 교회가 기도 응답받는 교회, 하나님이 사랑으로 품어 주시는 교회가 되기를 원합니다. 그러기 위해서는 손에 묻은 피를 닦고 씻어야 합니다. 저의 잘못을 용서하여 주시기를 원합니다. 우리의 회개를 통해 하나님께서 복을 주시는 관계로 발전되기를 원합니다.

예수님께서는 복을 주시려고 이 말씀을 주셨습니다. 진정으로 회개함으로 하나님 앞에 복을 받고 칭찬받는 교회가 되기를 간절히 기도합니다.

제6계명 II _ 생명의 주관자는 누구인가?

출애굽기 20:13

살인하지 말라

창세기 9:5~7

내가 반드시 너희의 피 곧 너희의 생명의 피를 찾으리니 짐승이면 그 짐승에게서, 사람이나 사람의 형제면 그에게서 그의 생명을 찾으리라 다른 사람의 피를 흘리면 그 사람의 피도 흘릴 것이니 이는 하나님이 자기 형상대로 사람을 지으셨음이니라 너희는 생육하고 번성하며 땅에 가득하여 그 중에서 번성하라 하셨더라

제6계명 '살인하지 말라'는 계명에 대한 예수님의 해석을 살펴보았습니다. 사람의 숨을 끊게 하는 살인뿐 아니라, 예수님은 살인에

버금가는 세 가지 경우를 예로 말씀하셨습니다. 첫째는 '형제에게 노하는 것'이며, 둘째는 '라가'라는 말로 상대방을 멸시, 천대하는 것이며, 셋째는 '미련한 놈'이라고 비난하는 것입니다. 이에 대해 현재에서도, 죽어서도 심판을 받을 것이라 말씀하셨습니다.

어쩌면 흔한 일이라고 쉽게 생각할 수 있지만, 예수님의 시각은 너무나 큰 차이가 있음을 알게 됩니다. 우리는 '이 정도쯤이야'라고 생각할 일을 하나님께서는 살인과 같게 보십니다.

예수님은 예물을 드리려다가 형제에게 원망 받을 일이 생각나면 돌아가서 형제와 먼저 화목하라고 하셨습니다. 이는 예배를 드리기 전에 우리가 온전해져야 하기 때문입니다. 하나님께서 기뻐 받으시는 예배가 되도록 이웃을 멸시, 천대하지 않고 하나님 앞에 바로 서는 우리 모두가 되기를 원합니다.

오늘날에는 죽음에 대한 많은 윤리적인 문제들이 대두되고 있습니다. 자살이나 존엄사(안락사), 기계 장치로 연명하는 것, 낙태, 사형 제도 등 많은 문제들이 있습니다. 나와 상관없는 일이라 생각할 수도 있지만 나와 우리의 문제라고 본다면 그리 자유롭지 않을 것입니다.

전체적인 주제를 생각해 보면 생명의 가치가 누구에게 있는가, 누가 생명을 주관하고 있는가에 대해 질문할 수 있습니다. 여기에서 하나님을 빼고서는 이 문제를 다루기 불가능하다는 것을 알게 됩니다. 생명의 가치에 대해 지속적인 고민과 논의가 필요하겠지만, 먼저 성경의 원칙을 살펴보려고 합니다.

본문은 홍수 심판 후에 하나님께서 주신 말씀입니다. 본문의 앞부분(창세기 9:1~6)을 살펴보겠습니다.

하나님께서는 노아와 그의 가족, 그리고 방주에 있던 동물들을 제외한 모든 생명을 멸망시키시고 난 후, 노아와 그 아들들에게 복을 주시며 생육하고 번성하여 땅에 충만하라고 말씀하십니다(1절). 모든 짐승과 새와 땅에 기는 모든 것과 바다의 물고기를 너희 손에 붙였다고 하시며 모든 산 동물을 채소와 같이 너희에게 준다고 하셨습니다(2~3절).

홍수 이후에는 정한 음식과 부정한 음식이 따로 없었습니다. 유대인들이 가리는 정한 음식과 부정한 음식은 출애굽 이후 하나님께서 이스라엘이 하나님의 백성으로 구분되는 삶을 살아가도록 모세에게 전해 주신 규정입니다.

여기서는 다만 피째 먹지 말라고 말씀하십니다(4절).

왜 그럴까요? 피는 생명의 근원이기 때문입니다. 피는 곧 생명입니다. 그렇기 때문에 이번 본문에서 짐승이 짐승을 죽이면 그 짐승에게, 사람이 사람을 죽이면 그 사람에게 반드시 피의 대가를 치르도록 하셨습니다.

'다른 사람의 피를 흘리면 그 사람의 피도 흘릴 것이니 이는 하나

님이 자기 형상대로 사람을 지으셨음이니라(6절)'

사람을 죽이면 반드시 피의 대가를 치러야 하는 까닭은 사람이 하나님의 형상대로 지음 받았기 때문입니다. 우리는 이 말씀을 통해 두 가지 의미를 찾아보려고 합니다.

첫째는 생명의 주권이 누구에게 있느냐 하는 것입니다.

사람은 하나님의 형상대로 창조되었습니다. 생명의 주인은 하나님이십니다. 그렇기 때문에 사람은 자기의 생명을 주장할 수 없습니다.

살인은 사람이 하나님처럼 인간의 생명에 대한 주권을 가지는 것입니다. 그 예로 '가인'을 들 수 있습니다. 가인은 동생 아벨을 죽이는 심각한 죄를 저질렀습니다. 그 이유는 한 가지입니다. 자기 제사를 받아 주지 않은 하나님께 분노했기 때문입니다. 가인의 분노가 아벨을 죽이게 한 것입니다.

아담과 하와도 마찬가지입니다. 그들은 하나님의 말씀보다 사탄의 말에 귀 기울였습니다. 사탄의 말을 따름으로 그에게 순종하게 되었고 죄의 영향력에 갇히게 되어 결국 하나님께 저항했습니다.

하나님의 질서를 무너뜨리고 누군가에게 미움, 멸시, 천대, 조롱, 비난, 욕을 일삼으면 결국은 그가 죽음에 이르게 됩니다. 하나님의 형상대로 지음 받은 인간이 하나님의 형상을 깨뜨리는 결과를 낳는 것입니다. 하나님께서는 생육하고 번성하라고 하셨지만 하나님을 거역함으로 생명을 임의로 거두는 일을 저지르게 되었습니다.

하나님이 질서를 위하여 살인을 허용하시는 경우는 악한 인간을 심판하는 것이었습니다. 형사적인 책임을 물으시는 경우입니다. 이는 하나님께서 권한을 위임하셨지만 오용하거나 남용하지 않도록 제한을 두신 것입니다.

그러므로 생명을 주고 거두는 모든 일은 하나님께 속해 있음을 깨달아야 합니다. 모든 생명의 권리는 하나님께 있습니다. 누군가에게 노하지 말고, 조롱하거나 멸시하지 않고, 비난하거나 욕하지 않고 생명의 주인 되신 하나님의 주권을 인정하여야 합니다.

둘째는 생명의 가치에 대한 문제입니다.

하나님은 사람을 그분의 형상대로 지으셨습니다. 사람이 존엄한 가치를 갖는 이유는 바로 하나님의 형상대로 지음 받았기 때문입니다.

'살인하지 말라'는 계명에는 어떤 수식어도 없습니다.

빈부, 귀천, 남녀, 노소 모든 사람이 하나님의 형상대로 지음 받았습니다. 그렇기 때문에 그 생명의 가치는 동일합니다. 이 말은 우리가 다르게 생각해 보면, 혁명적인 일이 아닐 수 없습니다.

이 십계명을 받고 있는 이스라엘 백성들은 어떤 사람이었습니까. 그들은 430년 동안 애굽에서 노예 생활을 해왔습니다. 파라오의 무덤 피라미드를 만드는데 사용되는 벽돌들을 그들이 만들었습니다. 비슷한 예로 만리장성을 생각해 볼 수 있습니다. 만리장성은 진시

황제 때부터 병자호란 때까지 무려 1,300년 동안 지었다고 합니다. 한 사람의 황제를 위해 수많은 생명들이 죽어갔습니다. 그러나 하나님께서는 노예라 하더라도 하나님의 형상대로 지음 받았기 때문에 황제와 동일한 생명의 가치를 가진다고 말씀하십니다.

아동 노동 학대에 대한 이야기를 들으신 적이 있으십니까? 만 5세부터 17세까지의 아동들을 노동에 동원하는 것으로 18세기 영국에서부터 오늘날까지 끊임없이 저질러지고 있습니다. 2012년 통계자료에 의하면, 만 5세부터 17세까지 아동노동 인구는 약 2억 6천만 명이라고 합니다.

인도의 유리공장, 베트남의 커피농장, 콜롬비아의 탄광, 아프리카의 다이아몬드 채취 등 다국적 기업의 많은 제품들이 이런 아동노동에 의해 생산되고 있습니다.

이런 아이들의 목숨도 동일하게 가치가 있다고 하는 것입니다. 그런데 우리는 자신도 모르게 사탄의 영향력에 사로잡혀 교묘하게 지배당함으로 인간을 수단과 도구로 사용하고 있습니다. 그렇다면 인간의 참된 가치, 존엄성은 어떻게 회복할 수 있을까요? 예수님을 믿음으로 회개하고 새사람이 되는 것. 이로써 존엄성이 회복될 수 있습니다.

예수님의 사역을 보면 어떠한 경우에도 생명을 살리는 사역을 하셨습니다. 무한한 긍휼과 자비로 대하시고 모욕을 주고 심지어 죽이려 하는 자에게까지 자비를 베푸셨습니다.

일제강점기 시절, 부흥회 강사로 유명하신 이성봉 목사님의 간증을 나누려고 합니다.

목사님은 평안도 출신으로 어린 시절 어머니를 통해 예수님을 알게 되었으나 청소년기에는 방황하였고 스무 살 때 사도바울과 비슷한 경험을 통해 하나님께로 돌아왔다고 합니다. 이후 부흥회 목사님으로 활동하셨는데 6.25전쟁 때 목포에서 이 일이 일어납니다.

목포가 폭격 당했는데 한 학생이 이성봉 목사의 주동이라고 거짓 증언하는 바람에 감옥에 갇히게 되었습니다. 그때 이성봉 목사님은 바울과 실라를 생각합니다. 그들이 빌립보에서 전도할 때 점치는 여종을 구원함으로 여종 주인의 고발을 받아 옥에 갇히게 되었고, 바울과 실라가 옥에서 기도하고 찬송할 때 큰 지진이 일어나 옥문이 열린 일. 그래서 그 감옥의 간수와 그 가족들이 구원 받음으로 빌립보 교회의 시초가 된 사건(사도행전 16:16~40)이 있었습니다. 목사님도 큰 소리로 '나 어느 곳에 있든지 늘 맘이 편하다'는 찬송을 하였다고 합니다. 그러나 옥문은 열리지 않았고 오히려 끌려나가 심하게 매를 맞았는데 그 때 스데반이 생각나서 자신을 때리는 자들을 위해 축복 기도를 했다고 합니다. 그 후 사흘 뒤에 빨치산이 내려왔고 죽일 사람을 찾자 그 목사님을 내보냈다고 합니다. 빨치산 대장은 이성봉 목사님에게 '왜 예수를 믿소?'하고 물었고 그때 목사님은 '당신들은 사회를 혁명한다고 하지만 예수는 자아를 혁명하는 분'이며 '예수를 믿음으로 양심을 바로잡아야 한다'고 하였습니다. 그러자 빨치산 대장이 '예수쟁이들은 현실을 부인하고 밤낮 천당, 천당 하던데 천당 봤소?'라고 묻자 이 목사님은 '내가 천당 본점은 보지 못하였어도 지점은 봤소. 천당 지점은 바로 내 마음이요'라고 대답해 그곳에 있던 빨치산 일행들이 폭소를 터뜨렸고 이 일로 이성봉 목사님은 목숨을 구하게 되었다고 합니다.

이처럼 예수를 믿음으로 구원받은 사람은 평강과 위로와 기쁨의 지배를 받아 힘과 능력으로 나타납니다. 그것이 예수 그리스도의 능력입니다.

생육하고 번성하라고 하신 하나님의 자녀와 사탄의 영향력에 있는 자녀는 극명하게 대비됩니다. 이 세상이 끔찍하고 어지러운 이유는 분노 때문입니다. 분노와 자존심을 부추기는 사회 가운데서 빛과 생명의 역사를 일으키시는 하나님께서 우리를 기도하는 자로 부르셨습니다. 찬송을 불러도 마음의 옥문이 열리지 않는다 해도 그 찬송을 하나님께서 듣고 계십니다. 진실을 믿고 아멘으로 화답하기를 원하십니다. 하나님은 우리를 '살리는 사람'으로 부르셨습니다.

분노와 저주가 가득한 마음 한 가운데에 예수 그리스도의 생명이 흘러가게 하시는 하나님의 음성, 여러분을 향한 하나님의 그 음성을 듣고 반응하고 결단하시기를 축복합니다. 우리를 저주하는 자들을 축복하는 생명의 주인공이 되시기를 부탁드립니다. 그들을 위해 두 손 모아 기도하는 예수의 사람으로 세워지기를 축복합니다.

제6계명 Ⅲ _ 무엇이 우리를 살리는가 혹은 죽이는가?

출애굽기 20:13

살인하지 말라

요한복음 10:10~15

도둑이 오는 것은 도둑질하고 죽이고 멸망시키려는 것뿐이요 내가 온 것은 양으로 생명을 얻게 하고 더 풍성히 얻게 하려는 것이라 나는 선한 목자라 선한 목자는 양들을 위하여 목숨을 버리거니와 삯꾼은 목자가 아니요 양도 제 양이 아니라 이리가 오는 것을 보면 양을 버리고 달아나나니 이리가 양을 물어 가고 또 헤치느니라 달아나는 것은 그가 삯꾼인 까닭에 양을 돌보지 아니함이나 나는 선한 목자라 나는 내 양을 알고 양도 나를 아는 것이 아버지께서 나를 아시고 내가 아버지를 아는 것 같으니 나는

양을 위하여 목숨을 버리노라

이번에는 요한복음을 통해 십계명 중 제6계명의 의미를 나누어 보려고 합니다.

본문에서 예수님은 도둑은 죽이고 멸망시키려 하지만 선한 목자이신 예수님은 목숨을 버림으로 생명을 얻게 하고 더 풍성하게 하기 위해 오셨다고 하십니다. 이러한 예수님의 삶을 보며 생명을 얻게 하고 더 풍성하게 하는 것에 대해 살펴보려고 합니다.

본문에서는 그릇된 목자인 삯꾼과 선한 목자를 비교하고 있습니다. 한 사람은 '죽이는 자'이고 한 사람은 '살리는 자'입니다. 10절을 보겠습니다.

요한복음 10:10

도둑이 오는 것은 도둑질하고 죽이고 멸망시키려는 것뿐이요 내가 온 것은 양으로 생명을 얻게 하고 더 풍성히 얻게 하려는 것이라

지도자는 영향력을 미치는 사람입니다. 지도자에게는 말보다 자기 사람들을 어떻게 대하는지가 더 중요합니다. 완전히 죽이고 멸망시키며 살인하는 자가 있고, 생명을 얻게 하고 풍성하게 하는 선한

목자, 바로 살리는 자에 대해 예수님은 말씀하십니다. 이는 하나님께서 그분의 형상으로 만들어진 인간에 대한 생각과 모습이 담겨 있습니다.

살인은 단순히 목숨만 뺏는 것이 아닙니다. 그렇다면 '살인하지 말라'라는 단순한 계명은 어떤 의미를 가지며, 또 어떻게 해야 '풍성하게' 사는 것일까요?

인간은 영혼과 육체로 형성되었습니다. 하나님께서 사람을 흙으로 빚으시고 생기를 불어넣어 주심으로 생령이 되었습니다(창세기 2:7). 거기에 인격을 더해 주심으로 삼위일체 하나님의 형상처럼 지음 받았습니다. 교리문답에서 인격은 지(知), 정(情), 의(意)의 3요소로 구분합니다.

이로써 삼위일체 하나님의 형상으로 만드신 사람의 온전한 본질은 관계에 있다는 것을 알 수 있습니다. 관계는 혼자가 아닌 것입니다. 하나님은 '생육하고 번성하라'는 문화 명령을 주시며 관계의 친밀성에 머물러야 한다는 것을 말씀하셨습니다.

이러한 사명을 확인하고 분명히 할 때, 인간의 가치가 살아납니다. 그리고 하나님의 형상으로서 완전하게 됩니다.

따라서 살인하지 말라는 계명은 단순히 목숨을 빼앗지 말라는 것이 아니라 더 넓게 인간의 요소들을 깨뜨리지 말라는 것입니다.

그렇다면 무엇이 인간의 요소를 깨뜨릴까요?

첫째, 인체를 서서히 죽이는 것입니다. 술, 담배, 향정신성 의약품, 그리고 인체에 해로운 물질이 든 불량식품을 생각해 볼 수 있습니다. 또 일 중독 역시 인간의 몸을 서서히 죽일 수 있습니다. 일 중독은 인간관계도 해칩니다. 이는 근면 성실을 넘어 일이 주인이 되는 것입니다. 몸에 좋은 줄 알면서도 운동 하지 않고 몸을 제대로 관리하지 않는 것도 자신을 서서히 죽이는 것이라 할 수 있습니다.

둘째, 이성을 마비시키는 것입니다. 모략이나 선동, 사기성 발언이나 인격 살인 등으로 많은 사람을 현혹시켜 이성을 잃게 만드는 것입니다. 사회고발성 프로그램 같은 경우, 순기능도 있지만 역기능을 하게 될 수도 있습니다. 잘못된 지식이나 인식을 주어 생각을 마비시키고 죽이는 역할을 하게 됩니다.

흔히 '트라우마'라고 하는, 마음이 위축되고 관계가 끊어지며 마음의 상처나 감정이 상하게 되는 것 역시 살인입니다.

셋째, 관계를 상하게 하는 것입니다. 이간질이나 질투, 시기, 험담, 모함, 관계 단절, 왕따, 당 짓기 등으로도 남을 죽일 수 있습니다. 서로 무시하고 증오하며 관계를 해치는 일들로 살인할 수 있습니다. 인신매매나 강제노동 등 인간으로서의 가치를 잃게 하는 것, 하나님께서 인간에게 주신 사명을 감당하지 못하게 하는 것도 살인이라고 볼 수 있습니다. 거짓을 강요하거나 이중장부, 탈세, 착복처럼 양심에 반하는 범죄를 강요하는 것도 살인입니다.

넷째, 영적인 살인입니다. 하나님과의 관계가 멀어지게 하고 그분을 잊게 하는 일, 하나님을 두려워하게 하고 의심하게 하거나 하나님을 떠나게 만드는 일입니다. 대표적인 예로 욥의 친구들을 들 수 있습니다. 위로를 빙자하여 정죄하고 하나님을 두려운 존재로 만드는 것도 살인입니다.

그러므로 살인하지 말라는 계명의 의미는 이러한 인간의 복잡한 요소를 이해하고 그 관계를 훼손하지 말라는 것입니다.

그렇다면 사람을 살리는 방법은 무엇일까요?
사람을 살리려면 육적, 영적 관계를 풍성하게 하고 사명을 확인해야 합니다.

첫째, 인격, 즉 지(知), 정(情), 의(意)를 살리는 것입니다. 칭찬과 격려가 대표적인 방법입니다. 칭찬과 격려는 사람을 살립니다. 이것은 삼위일체 하나님께서 가장 잘하시는 일입니다. 하나의 잘못을 지적하려면 아홉 가지의 칭찬이 필요합니다.

둘째, 관계를 살리는 것입니다. 이는 사람 사이의 윤활유 역할을 감당하는 것인데, 마치 자동차의 엔진에 윤활유가 없으면 망가지는 것과 같습니다. 관계 속에서 피스메이커(peace-maker), 충격완화제와 같은 역할을 하면 생명을 살릴 수 있습니다.

셋째, 삶의 가치를 살리는 것입니다. 삶의 참된 목표를 일깨워 주고, 비전과 소명을 깨닫게 하는 것이 사람을 살립니다.

넷째, 영을 살리는 것입니다. 우리는 하나님의 하나님 되심을 증거 하는 부르심을 받았습니다. 기도는 영혼의 호흡이며 중보기도는 영혼의 인공호흡기라고 합니다. 내가 기도하지 않아도 잘 살아간다면 누군가 나를 위해 중보기도하고 있기 때문일 것입니다. 중보기도는 다른 사람의 영혼을 건강하게 만들어 줍니다. 이렇듯 칭찬, 격려, 배려, 중보기도는 영혼을 살리는 역할을 합니다.

한 가지 더 생각해 봅시다.

'살인하지 말라'는 계명에는 나 자신의 생명도 포함됩니다. 사람들은 보통 '내 목숨은 내 것'이라고 생각합니다. 하지만 우리의 생명은 하나님의 것입니다. 목숨은 내 권한 밖의 일입니다.

이 권한에 처음 도전한 사람이 바로 첫 사람 아담입니다. 그는 스스로 하나님이 되고자 하였습니다. 흔히 '내 인생은 내 것'이라고 합니다. 아담의 모습이 하나님 앞에 서 있는 우리의 모습과 같습니다. 그러나 하나님께서는 '너는 내 것'이라고 말씀하십니다. 따라서 자살은 하나님 앞에 가장 끔찍한 죄입니다.

주어진 생명을 잘 돌보는 것이 생명을 살리는 일의 근본입니다.
그러므로 '살인하지 말라'의 긍정 명령은 '사람을 살리라'는 것입니다. 나 자신을 사랑하면 다른 사람도 사랑할 수 있는 지경이 넓어집니다. 하나님께 순종함으로 내 생명을 잘 돌보는 일부터 시작해야 합니다. 스스로를 소중히 여기면 다른 사람을 소중히 생각할 수 있습니다. 나 자신부터 용서해야 합니다. 자신을 인정하고 용납하는 것이 참된 사랑의 시작입니다.

하나님께서는 먼저 일하시면서 우리에게 말씀을 주십니다. 성경을 우리에게 주신 더 큰 이유가 여기에 있습니다.

마태복음 7:12

그러므로 무엇이든지 남에게 대접을 받고자 하는 대로 너희도 남을 대접하라 이것이 율법이요 선지자니라

이 말씀에 하나님의 마음이 담겼습니다. 율법과 선지자는 바로 성경, 즉 하나님의 뜻을 의미합니다. 하나님께서는 요구만 하지 않으

시고 앞서 행하셨습니다. 대접 받고 싶으신 대로 우리를 먼저 대접 하셨다는 것입니다. 그리고 우리가 그것을 깨닫기를 원하십니다.

하나님이 우리에게 요구하시는 게 무엇일까요?

하나님은 당신의 아들보다 우리를 더 소중히 여기셨습니다. '나에게 너보다 더 소중한 것은 없다'라는 것을 보여주신 것입니다. 그렇다면 우리는 어떻게 해야 할까요? 하나님은 나 역시 '하나님보다 더 소중한 분은 없습니다'라고 고백하기를 원하십니다. 이는 나에게 짐을 지우려는 것이 아니라 하나님의 마음을 알게 하심으로 도리어 자유하게 하시는 것입니다.

요한복음 10:14~15

나는 선한 목자라 나는 내 양을 알고 양도 나를 아는 것이 아버지께서 나를 아시고 내가 아버지를 아는 것 같으니 나는 양을 위하여 목숨을 버리노라

선한 목자가 양을 알고 양도 선한 목자를 아는 것처럼 하나님께서 예수님을 아시고 예수님이 하나님을 아십니다. 가장 친밀한 관계를 나타내는 것입니다. 선한 목자는 삶을 더욱 풍성하게 하고 목숨까지 내어 줍니다. 이는 사람을 살리기 위한 하나님의 뜻입니다. 율법의 통제가 아니라 진정한 가치 가운데 삶을 풍성하게 하시는 것입니다.

살린다는 것은 목숨을 내어 놓는다는 의미입니다. 하나님은 죽이는 일이 아니라 살리는 일로 우리를 부르시고, 세상의 영이 아니라 예수 그리스도의 영을 주셨습니다. 예수님은 배려와 사랑의 본을 보이시며 '내가 너희를 사랑한 것 같이 너희도 서로 사랑하라(요한복음 13:34)'고 말씀하셨습니다. 내가 목숨을 바쳐 너희를 사랑한 것처럼 너희도 서로 사랑하며 영혼을 살려주라고 하십니다. 친밀한 관계 안에서 죽기까지 사랑하라고 하십니다. 이것이 사람을 살리는 방법입니다.

우리 교회와 가정이 그리스도의 사랑으로 충만하여 서로를 살려내고 살려주기를 원합니다. 그리하여 이 땅에서 천국의 삶을 살아가기를 축복합니다.

제7계명_ 너희 아버지의 온전하심과 같이

출애굽기 20:14

간음하지 말라

마태복음 5:27~32

또 간음하지 말라 하였다는 것을 너희가 들었으나 나는 너희에게 이르노니 음욕을 품고 여자를 보는 자마다 마음에 이미 간음하였느니라 만일 네 오른 눈이 너로 실족하게 하거든 빼어 내버리라 네 백체 중 하나가 없어지고 온 몸이 지옥에 던져지지 않는 것이 유익하며 또한 만일 네 오른손이 너로 실족하게 하거든 찍어 내버리라 네 백체 중 하나가 없어지고 온 몸이 지옥에 던져지지 않는 것이 유익하니라 또 일렀으되 누구든지 아내를 버리려거든 이혼 증서를 줄 것이라 하였으나 나는 너희에게 이르노니

누구든지 음행한 이유 없이 아내를 버리면 이는 그로 간음하게
함이요 또 누구든지 버림받은 여자에게 장가드는 자도 간음함이
니라

요즘 민수기 말씀을 묵상하고 있습니다. 민수기는 출애굽 이후 가
나안 땅에 들어가기 위한 준비 과정으로, 1년 동안 시내산에서 모세
를 통해 말씀하신 내용입니다. 민수기는 성막과 성막사용법, 하나님
께 드리는 제사와 제사장의 책무, 그리고 절기와 규례에 대한 설명
으로 이루어졌으며 이스라엘 백성들에게 가르치신 성결법과 정결법
이 나옵니다.

이스라엘 백성들이 어떻게 가나안으로 가야할지 행진과 대열을
알려주시고, 가고 서는 신호가 될 나팔까지 만들게 하신 뒤에 출발
할 일만 남은 상황에서 하나님께서는 규례에 대해 한 번 더 말씀하
십니다.

이때 일상에서 일어나는 세 가지 부정에 대해 다시 말씀하십니다.
첫째, 부정(不淨)은 깨끗하지 못한 것으로 모든 나병환자와 유출
증이 있는 자, 주검으로 부정하게 된 자들을 진영 밖으로 다 내보
내어 하나님이 거하는 곳을 더럽게 하지 말라고 하셨습니다(민수기
5:2~4).
둘째, 부정(不正)은 올바르지 못한 것으로 죄를 범하여 여호와께

거역하는 죄를 지으면 그 죄를 자복하고 그 죗값을 온전히 갚으라고 하셨습니다(민수기 5:6~7).

셋째 부정(不貞)은 정조를 지키지 못한 것으로 남편이 아내를 의심할만한 일이 생기면 이를 해결하기 위해 아내를 제사장에게 데려가서 여부를 확인하도록 하였습니다(민수기 5:11~31).

이것이 왜 중요할까요?

약속의 땅 가나안에 가려면 하나님과 함께 광야를 통과해야 하는데, 하나님께서는 더럽고 부정한 것과 함께 하실 수 없기 때문입니다. 하나님과 함께하려면 공동체가 깨끗해야 합니다.

그 중 부부간의 정결이 매우 중요한 요인이 됩니다. 여기에는 하나님께서 계획하신 비전이 있기 때문입니다. 하나님은 우리가 그분의 비전에 동참하기를 원하십니다.

그렇다면 하나님께서는 왜 성공적인 행진을 위해 정절을 요구하셨을까요?

첫째, 하나님께서는 구별되고 엄격한 삶을 원하십니다.

구약 시대의 하나님은 성관계 자체를 죄악시 하지 않으셨습니다. 하나님께서는 우리가 생육하고 번성하기를 바라십니다. 이를 위해 하나님께서 만드신 몇 가지 제도가 있습니다.

왕이나 제사장, 선지자는 인간의 타락 이후 만드신 것들이지만 결혼과 가정은 타락하기 전, 창세 때에 만드셨습니다. 간음이 죄가 되는 것은 하나님께서 만드신 가정을 깨뜨리는 행위이기 때문입니다. 따라서 간음하지 말라는 계명은 결혼과 가정의 보존을 위해 주셨다는 것을 알 수 있습니다.

레위기 20:10

누구든지 남의 아내와 간음하는 자 곧 그의 이웃의 아내와 간음하는 자는 그 간부와 음부를 반드시 죽일지니라

신명기 22:22~24

어떤 남자가 유부녀와 동침한 것이 드러나거든 그 동침한 남자와 그 여자를 둘 다 죽여 이스라엘 중에 악을 제할지니라 처녀인 여자가 남자와 약혼한 후에 어떤 남자가 그를 성읍 중에서 만나 동침하면 너희는 그들을 둘 다 성읍 문으로 끌어내고 그들을 돌로 쳐죽일 것이니 그 처녀는 성안에 있으면서도 소리 지르지 아니하였음이요 그 남자는 그 이웃의 아내를 욕보였음이라 너는 이같이 하여 너희 가운데에서 악을 제할지니라

간음은 남의 아내와 동침하는 것으로, 남자에게는 어떠한 조건이 없지만 여자는 결혼은 물론 정혼 상태일 때도 처벌 대상이 되었습니

다. 돌로 쳐 죽일 만큼 엄격히 처벌하는 이유는 하나님께서 세우신 것을 깨뜨렸기 때문입니다. 결혼은 마음으로부터의 정절에 기초합니다.

성경을 살펴보면 다른 어떤 계명도 마음에 품은 생각까지 죄라고 규정하지 않지만, 간음에 대해서는 매우 엄중하게 말씀하십니다.

신약에서는 그 뜻이 확장되어 행위 이상의 의미를 갖게 됩니다. 위의 본문 28절에서는 마음으로 음욕을 품는 자도 간음했다고 합니다. 개역성경에서는 '여자를 보고 음욕을 품는 자마다 마음에 이미 간음하였느니라'고 하였고 개역개정성경에서는 '음욕을 품고 여자를 보는 자마다 마음에 이미 간음하였느니라'고 합니다. 의미는 같으나 어감이 약간 다릅니다. 중요한 것은 내 마음입니다. 예수님은 하나님께서 인정하시는, 마음으로부터의 정결을 요구하십니다. 우리는 하나님의 기준에 도달해야 합니다.

둘째, 부부는 언약의 관계이기 때문입니다.

부자지간은 혈연관계이나 부부는 약속에 의해 생성된 관계입니다. 구약시대에서 약속은 매우 엄중합니다. 아브라함과 언약하신 하나님은 동물을 쪼개어 놓고 그 사이에 타는 횃불로 지나시며 그 약속을 이행하지 못하면 이 동물과 같이 될 것임을 보여주셨습니다(창세기 15:17).

십계명은 이런 언약 관계에서 이루어진 것입니다. 남편과 아내의 관계가 언약으로 이루어진 것처럼 하나님과의 관계도 마찬가지입니다. 부모님을 공경함으로 하나님 아버지를 공경하는 것처럼, 배우자를 성실히 사랑함으로 하나님을 사랑한다고 할 수 있습니다.

요한1서 4:20

누구든지 하나님을 사랑하노라 하고 그 형제를 미워하면 이는 거짓말하는 자니 보는 바 그 형제를 사랑하지 아니하는 자는 보지 못하는 바 하나님을 사랑할 수 없느니라

에베소서 5:22~33

아내들이여 자기 남편에게 복종하기를 주께 하듯 하라 이는 남편이 아내의 머리 됨이 그리스도께서 교회의 머리 됨과 같음이니 그가 바로 몸의 구주시니라 그러므로 교회가 그리스도에게 하듯 아내들도 범사에 자기 남편에게 복종할지니라 남편들아 아내 사랑하기를 그리스도께서 교회를 사랑하시고 그 교회를 위하여 자신을 주심 같이 하라 이는 곧 물로 씻어 말씀으로 깨끗하게 하사 거룩하게 하시고 자기 앞에 영광스러운 교회로 세우사 티나 주름 잡힌 것이나 이런 것들이 없이 거룩하고 흠이 없게 하려 하심이라 이와 같이 남편들도 자기 아내 사랑하기를 자기 자신과 같이 할지니 자기 아내를 사랑하는 자는 자기를 사랑하는 것

이라 누구든지 언제나 자기 육체를 미워하지 않고 오직 양육하여 보호하기를 그리스도께서 교회에게 함과 같이 하나니 우리는 그 몸의 지체임이라 그러므로 사람이 부모를 떠나 그의 아내와 합하여 그 둘이 한 육체가 될지니 이 비밀이 크도다 나는 그리스도와 교회에 대하여 말하노라 그러나 너희도 각각 자기의 아내 사랑하기를 자신같이 하고 아내도 자기 남편을 존경하라

아내는 남편에게 복종하기를 교회가 그리스도에게 하듯 하고, 남편은 아내 사랑하기를 그리스도께서 교회를 사랑하시고 교회를 위하여 자신을 주심같이 하라고 하셨습니다. 예수님은 교회가 완전하고 완벽해서 사랑하신 것이 아닙니다. 예수님은 연약한 교회를 위해 십자가에 죽으시기까지 자신을 내어놓으셨습니다. 그 교회가 바로 우리의 모습입니다. 어떤 것도 깨끗하다 완전하다 말할 수 없는 서로에게 상처와 실망만 주지만 그리스도께서 교회에 하신 것과 같이 온전히 서로를 품어야 합니다.

셋째, 온전함을 바라보는 것입니다.

이 시대는 간음이 보편적인 현상이 되었습니다. 사람들은 '무엇이 간음인가' 보다 '무엇이 간음이 아닌가'에 더 관심이 많습니다. 어떻게 해야 거룩한 삶을 살 수 있을까? 하는 문제보다 어떻게 하면 계명에 위배되지 않는 범위 내에서 잘 넘어갈지 생각합니다. 원칙보다

예외적인 문제에 더 관심이 많습니다. 그러나 하나님은 우리에게 온전함을 원하십니다.

욥은 하나님이 인정하신 온전한 사람이었습니다.

욥의 시험은 사탄이 먼저 시작한 것이 아니었습니다. 하나님께서 욥에 대하여 '욥처럼 온전하고 정직하여 하나님을 경외하며 악에서 떠난 자는 세상에 없다(욥기 1:8)'고 먼저 자랑하셨기 때문입니다. 그러자 사탄은 하나님께서 욥에게 돈과 자식과 건강을 넘치도록 주셨기 때문에 하나님을 사랑하는 것이라고 하였습니다. 그러나 욥은 자신이 가진 그 모든 것을 잃었지만 여전히 하나님을 사랑하였습니다. 하나님에 대한 욥의 사랑이 온전한 사랑입니다.

그렇다면 하나님께서는 왜 욥의 사랑을 자랑하고 싶으셨을까요. 그것은 바로, 욥의 사랑이 하나님의 사랑을 닮아 있기 때문입니다. 욥이 하나님을 사랑하는 데는 아무런 이유가 없었습니다. 하나님도 우리를 사랑하는 데는 아무런 이유가 없습니다. 사랑하는 그 마음, 그 자체로 충분하고 완전한 사랑입니다. 조건 없는 사랑이 온전한 사랑입니다.

무엇이 간음이 아닌가에 더 관심을 기울이며 자기 욕심을 이루려는 세상 속에 숨은 사람이 많습니다. '다 그런 거야. 어쩔 수 없잖

아.'라며 타협합니다. 그러나 하나님께서는 숨지 말고 말씀 앞에 나
아오라 하십니다.

제7계명 '간음하지 말라'는 계명은 우리가 하나님 아버지를 사랑
하되 온전하게 사랑하기를 원하셔서 주신 계명입니다.

마태복음 5:48
그러므로 하늘에 계신 너희 아버지의 온전하심과 같이 너희도
온전하라

하나님은 이 말씀을 주시며 우리가 온전해지길 기대하고 요청하
십니다. 하나님 아버지의 온전하심과 같이 주님 앞에 온전하게 나아
가시길 부탁드립니다.

제8계명 | _궁극적 결핍은 어디에서 오는가?

출애굽기 20:15

도둑질하지 말라

출애굽기 22:1~15

사람이 소나 양을 도둑질하여 잡거나 팔면 그는 소 한 마리에 소 다섯 마리로 갚고 양 한 마리에 양 네 마리로 갚을지니라 도둑이 뚫고 들어오는 것을 보고 그를 쳐죽이면 피 흘린 죄가 없으나 해 돋은 후에는 피 흘린 죄가 있으리라 도둑은 반드시 배상할 것이나 배상할 것이 없으면 그 몸을 팔아 그 도둑질한 것을 배상할 것이요 도둑질한 것이 살아 그의 손에 있으면 소나 나귀나 양을 막론하고 갑절을 배상할지니라 사람이 밭에서나 포도원에서 짐승을 먹이다가 자기의 짐승을 놓아 남의 밭에서 먹게 하면 자기

밭의 가장 좋은 것과 자기 포도원의 가장 좋은 것으로 배상할지니라 불이 나서 가시나무에 댕겨 낟가리나 거두지 못한 곡식이나 밭을 태우면 불 놓은 자가 반드시 배상할지니라 사람이 돈이나 물품을 이웃에게 맡겨 지키게 하였다가 그 이웃 집에서 도둑을 맞았는데 그 도둑이 잡히면 갑절을 배상할 것이요 도둑이 잡히지 아니하면 그 집 주인이 재판장 앞에 가서 자기가 그 이웃의 물품에 손 댄 여부의 조사를 받을 것이며 어떤 잃은 물건 즉 소나 나귀나 양이나 의복이나 또는 다른 잃은 물건에 대하여 어떤 사람이 이르기를 이것이 그것이라 하면 양편이 재판장 앞에 나아갈 것이요 재판장이 죄 있다고 하는 자가 그 상대편에게 갑절을 배상할지니라 사람이 나귀나 소나 양이나 다른 짐승을 이웃에게 맡겨 지키게 하였다가 죽거나 상하거나 끌려가도 본 사람이 없으면 두 사람 사이에 맡은 자가 이웃의 것에 손을 대지 아니하였다고 여호와께 맹세할 것이요 그 임자는 그대로 믿을 것이며 그 사람은 배상하지 아니하려니와 만일 자기에게서 도둑 맞았으면 그 임자에게 배상할 것이며 만일 찢겼으면 그것을 가져다가 증언할 것이요 그 찢긴 것에 대하여 배상하지 아니할지니라 만일 이웃에게 빌려온 것이 그 임자가 함께 있지 아니할 때에 상하거나 죽으면 반드시 배상하려니와 그 임자가 그것과 함께 있었으면 배상하지 아니할지니라 만일 세 낸 것이면 세로 족하니라 십계명을 지켜야 하는지 말아야 하는지 고민하는 것보다 중요한 생각이 있습니다. 바로 이런 계명을 우리에게 주신 이유입니다. 십계명을 주신 이유는, 이것을 준수할 때 하나님의 성품과 하나님께서 기뻐하는 것을 깨닫고 하나님을 닮아가기 때문입니다.

우리는 제7계명 간음하지 말라는 말씀을 나누며 온전함에 대해 묵상했습니다. 가정과 결혼생활을 잘 지키는 것이 온전함입니다.

이제는 제8계명을 통해 하나님의 성품과 뜻, 우리의 현실, 그리고 하나님의 평가에 대해 생각해 보려고 합니다.

먼저, 이 사회에 정의가 살아있는지 생각해 봅시다. '도둑질하지 말라'는 계명은 이미 알고 배운 것입니다. '유전무죄, 무전유죄'라는 말이 있습니다. 이 사회는 큰 도둑에게는 관대하고 좀도둑에게는 엄격한 잣대를 들이대고 있습니다. 어떤 면에서는 '정의'에 대해 이중적인 잣대를 적용하기도 합니다. 살다 보면 이런 것에 무뎌집니다.

그렇다면 성경에서는 도둑질에 대해 어떤 교훈을 주고 있을까요? 히브리어로 도둑질은 '가나브(ganav)'라고 합니다. 이 단어의 본뜻은 남에게 속한 것을 다른 사람들이 모르게 임의대로 가져가는 것입니다. 그러므로 도둑질의 전제는 '은밀하게', '허락 없이'라고 할 수 있습니다.

성경에 나오는 사건들 중에서 예를 들어보겠습니다.

여호수아 7:11

이스라엘이 범죄하여 내가 그들에게 명령한 나의 언약을 어겼으며 또한 그들이 온전히 바친 물건을 가져가고 도둑질하며 속이고 그것을 그들의 물건들 가운데에 두었느니라

여리고성 전투에서 크게 승리한 이스라엘 백성들은 전리품들을 하나님께 온전히 바쳤으나 아간은 그 전리품 중 외투와 은과 금을 자신의 장막에 은밀히 감추었습니다(여호수아 7:21).

사무엘하 19:3

그 날에 백성들이 싸움에 쫓겨 부끄러워 도망함 같이 가만히 성읍으로 들어가니라

압살롬의 반역을 제압한 군사들이 다윗왕의 슬퍼함을 듣고 마치 싸움에 진 것 같이 '가만히' 성읍으로 들어왔습니다.

이처럼 은밀하게 속이는 것을 도둑질이라고 합니다. 성경에서는 도둑질(가나브)의 목적어가 다양하게 등장하고 있습니다.

첫째, 물건을 훔친 경우입니다.

본문 22장에 다양한 품목이 나옵니다. 소, 양, 남의 밭에 있는 곡물, 돈, 물품, 의복 등이 있습니다.

둘째, 사람을 훔친 경우입니다.

사람을 납치한 경우에는 반드시 죽이라고 하였습니다(출애굽기 21:16). 시신을 훔친 경우도 있습니다.

사무엘하 21:12

다윗이 가서 사울의 뼈와 그의 아들 요나단의 뼈를 길르앗 야베스 사람에게서 가져가니 이는 전에 블레셋 사람들이 사울을 길보아에서 죽여 블레셋 사람들이 벧산 거리에 매단 것을 그들이 가만히 가져온 것이라

다윗은 사울의 뼈와 요나단의 뼈를 '가만히' 가져왔습니다.

사람뿐 아니라 사람의 마음을 훔치기도 합니다.

사무엘하 15:6

이스라엘 무리 중에 왕께 재판을 청하러 오는 자들마다 압살롬의 행함이 이와 같아서 이스라엘 사람의 마음을 압살롬이 훔치니라

압살롬은 성문 길 곁에 서서 다윗에게 가는 사람들을 자신에게 오게 하여 그들의 마음을 훔쳤습니다.

셋째, 신(神)을 훔친 경우입니다.

창세기 31:19

그 때에 라반이 양털을 깎으러 갔으므로 라헬은 그의 아버지의 드라빔을 도둑질하고

라헬은 야곱이 가나안으로 돌아가려 할 때, 아버지 라반이 신의 상징물로 가지고 있던 드라빔을 훔쳐갔습니다.

또한 하나님께 바친 물건들을 훔친 경우도 있습니다. 앞서 말씀드린 대로 아간은 하나님께 온전히 바친 물건들을 훔쳤습니다(여호수아 7:11).

하나님께 드릴 십일조와 봉헌물을 제대로 드리지 않아도 하나님에 대한 도둑질이 됩니다.

말라기 3:7~9

만군의 여호와가 이르노라 너희 조상들의 날로부터 너희가 나의 규례를 떠나 지키지 아니하였도다 그런즉 내게로 돌아오라 그리하면 나도 너희에게로 돌아가리라 하였더니 너희가 이르기를 우

리가 어떻게 하여야 돌아가리이까 하는도다 사람이 어찌 하나님의 것을 도둑질하겠느냐 그러나 너희는 나의 것을 도둑질하고도 말하기를 우리가 어떻게 주의 것을 도둑질하였나이까 하는도다 이는 곧 십일조와 봉헌물이라 너희 곧 온 나라가 나의 것을 도둑질하였으므로 너희가 저주를 받았느니라

하나님께 드릴 물건을 아무렇게나 대충 여긴다는 것은 하나님을 대충 대접해도 상관없다고 생각하는 것과 같기 때문에 중대한 죄가 됩니다. 하나님께서는 이런 죄를 저지른 자를 저주하신다고 하였습니다.

또 하나님의 말씀을 훔친 경우도 있습니다.

예레미야 23:30

여호와의 말씀이라 그러므로 보라 서로 내 말을 도둑질하는 선지자들을 내가 치리라

여기서 '내 말(words)'은 하나님의 말씀입니다. 선지자가 하나님께서 하시지 않은 말을 하나님께서 말씀하셨다고 거짓말하고, 자기 임의대로 말씀을 더하거나 빼는 것은 하나님의 말씀을 도둑질하는 것입니다.

하나님께서는 도둑질을 어떻게 평가하실까요?

본문 출애굽기 22장 1~15절의 내용을 살펴보면

소나 양을 훔쳤으면 소는 다섯 배, 양은 네 배로 갚으라고 합니다(1절). 그리고 훔친 소나 양이 아직 살아있으면 두 배로 갚으라고 합니다(4절).

밤에 들어온 도둑을 죽인 경우는 정당방위가 인정되나 해 돋은 후에 피 흘린 죗값을 치러야 합니다. 그리고 도둑은 반드시 배상해야 하며 배상할 것이 없으면 그 몸을 팔아서라도 갚아야 합니다(2~3절).

이 외에도 자기의 짐승이 남의 밭의 곡식을 다 먹으면 그것을 보상해야 하고, 밭을 태우다 불이 나서 곡식을 다 태우게 되면 불 놓은 자가 배상하여야 하며, 이웃집에 맡긴 물건이 도둑맞게 되면 그 집주인이라도 보상을 해야 합니다. 장물에 대해서도 진짜 주인이 누구인지 재판관 앞에서 시시비비를 가려야 합니다(5~9절).

왜 이토록 자세하게 기록하고 있는 것일까요?

하나님은 도둑질하지 말고 다른 사람에게 피해를 주어서도 안 될 뿐 아니라, 다른 사람들을 지켜주어야 한다고 말씀하십니다.

말씀을 믿고 예수 그리스도의 제자로 산다고 하면서도 실제 삶은 애매할 때가 많습니다. 그러나 믿음이란 그렇게 애매모호하고 적당하게 넘어가는 것이 아닙니다. 삶의 모든 상황에서 실제적으로 구체적인 태도가 요구됩니다. 하나님 앞에 드리는 믿음의 삶은 정확하고 분명하여야 합니다. 모든 일상의 삶 속에 실제적인 믿음이 드러나야 합니다.

이런 상황에서 가장 근본적인 질문을 하게 됩니다.

도둑질은 왜 하는 것일까요?

그것은 결핍과 부족함에 대한 두려움 때문입니다. 내 힘으로는 채울 수 없는 물질, 인격적 필요, 영혼의 결핍을 채우려 하기 때문입니다.

성경에 사람의 마음을 얻고 싶었던 한 여인이 있습니다. 바로 수가성 우물가의 여인입니다. 예수님은 그 여인에게 남편이 다섯이 있었고 지금 있는 자도 네 남편이 아니니 네 말이 참되다고 말씀하셨습니다(요한복음 4:18). 여인은 사람에게서 자신의 존재 이유를 찾고 싶었으나 채우지 못했습니다. 그 누구도 그녀의 인격적 필요를 채워주지 못했습니다. 인간은 스스로 그것을 채우지 못하지만 자기 힘으로 얻으려 할 때 도둑질을 하게 됩니다.

그렇다면 인간은 어째서 결핍을 경험할까요?

그것은 진리와 생명 되신 하나님을 떠났기 때문입니다. 하나님과 분리되면서 인간은 결핍을 경험할 수밖에 없습니다. 나의 결핍을 내 능력으로 채우려고 몸부림치지만, 결국 근본적인 문제를 해결하지는 못합니다. 인생의 진정한 결핍은 오직 하나님만이 채워주실 수

있습니다. 하나님 앞으로 돌아올 때 하나님께서 내 깊은 필요를 채
워주십니다.

마태복음 11:28

수고하고 무거운 짐 진 자들아 다 내게로 오라 내가 너희를 쉬게
하리라

우리의 필요를 채워 주실 분은 오직 하나님 한 분이십니다. 예수
그리스도를 만나고 그분으로 마음을 채우고 만족할 때 진정한 위로
와 평안을 누릴 수 있습니다. 나의 결핍을 오직 예수 그리스도의 온
전하신 사랑으로 채우며 참된 자유와 평안과 기쁨을 누리시기를 축
복합니다.

제8계명 II _ 영적 결핍은 어떻게 채워질 수 있는가?

출애굽기 20:15

도둑질하지 말라

요한복음 6:30~35

그들이 묻되 그러면 우리가 보고 당신을 믿도록 행하시는 표적이 무엇이니이까, 하시는 일이 무엇이니이까 기록된 바 하늘에서 그들에게 떡을 주어 먹게 하였다 함과 같이 우리 조상들은 광야에서 만나를 먹었나이다 예수께서 이르시되 내가 진실로 진실로 너희에게 이르노니 모세가 너희에게 하늘로부터 떡을 준 것이 아니라 내 아버지께서 너희에게 하늘로부터 참 떡을 주시나니 하나님의 떡은 하늘에서 내려 세상에 생명을 주는 것이니라 그들이 이르되 주여 이 떡을 항상 우리에게 주소서 예수께서 이르시되 나는 생명의 떡이니 내게 오는 자는 결코 주리지 아니할 터이요 나를 믿는 자는 영원히 목마르지 아니하리라

제8계명 '도둑질하지 말라'는 말씀에 대해 나누고 있습니다. 앞서 도둑질의 대상은 물질에서부터 심지어는 하나님께 속한 것, 또 하나님의 말씀까지 훔칠 수 있다는 것을 알았습니다. 도둑질의 이유는 내 필요를 채우기 위함이며 그 결핍을 자기 힘으로 채우려는 욕망 때문이라고 하였습니다. 그리고 우리의 궁극적 결핍인 영적 필요를 채워 주실 분은 오직 예수 그리스도 한 분뿐이라는 사실도 함께 나누었습니다.

궁극적인 영혼의 결핍을 채워 주시는 예수 그리스도는 어떤 분이신지 살펴보겠습니다.

본문의 배경은 예수님께서 광야에서 오병이어의 기적을 베푸신 그 다음 날입니다. 보리떡 다섯 개와 물고기 두 마리로 장정만 오천 명, 여자들과 어린아이들까지 포함한다면 그보다 훨씬 많은 사람들을 먹이고도 열두 광주리나 남긴 기적이 일어난 후입니다.

무리들은 예수님이 떠나셨다는 것을 알고 배를 타고 가버나움으로 가서 바다 건너편에서 예수님을 만났다고 합니다(요한복음 6:24~25절). '무리'라는 단어와 '배들'이라는 단어로 미루어 짐작해 보면 몇몇

사람의 적은 수가 아니라 '떼'를 지어 다니고 있음을 알 수 있습니다. 그들은 예수님 찾기에 혈안이 되어 있는 사람들입니다.

그런데 예수님은 그 무리들을 보시고 표적을 본 까닭이 아니라 떡을 먹고 배가 불렀기 때문에 예수님을 찾아온 것이라고 말씀하십니다(26절). 그리고 그들에게 썩을 양식을 위하여 일하지 말고 영생하도록 있는 양식을 위해 일하라고 하십니다. 이 양식은 예수님께서 주실 것이며 예수님은 아버지 하나님께서 인치신 자라고 하셨습니다(27절).

표적은 하나님께서 보내신 사람임을 나타내는 증거입니다. 그러나 무리들은 그 표적이 아니라 배부름을 위해 예수님을 찾아다녔습니다. 오늘날 우리가 예수님을 따르는 이유를 보여주는 것 같습니다.

예수님의 말씀에 무리들은 '그렇다면 어떻게 하나님의 일을 할 수 있는지'를 물었습니다. 예수님은 하나님께서 보내신 이를 믿는 것이 하나님의 일이라고 말씀하십니다(28~29절).

하나님은 지금도 일하고 계십니다. 마이크로 단위의 아주 작은 미생물에서부터, 우주 만물에 이르기까지 하나님께서 움직이고 계십니다. 그 모든 것보다 더욱 중요한 일은 바로 하나님께서 보내신 자, 예수 그리스도를 믿는 일이라고 말씀하십니다.

예수님의 대답을 듣고 무리들은 믿을 수 있는 표적이 무엇이며 당신이 하시는 일이 무엇인지 되묻습니다. 그들의 조상들은 광야에서 만나를 먹었다고 말합니다(30~31절). 이에 대해 예수님은 모세가 너희에게 하늘로부터 떡을 준 것이 아니라 내 아버지께서 너희에게 하늘로부터 참 떡을 주었으며, 하나님의 떡은 세상에 생명을 주는 것이라고 말씀하십니다(32~33절). 그러자 무리들은 이 떡을 항상 우리에게 달라고 하고(34절), 예수님은 그들에게 '나는 생명의 떡이니 내게 오는 자는 결코 주리지 아니할 터이요 나를 믿는 자는 영원히 목마르지 아니하리라(35절)'라고 말씀하십니다.

무리들이 예수님께 만나를 얘기하게 된 배경은 민수기에 나옵니다.

민수기 11:4~10

그들 중에 섞여 사는 다른 인종들이 탐욕을 품으매 이스라엘 자손도 다시 울며 이르되 누가 우리에게 고기를 주어 먹게 하랴 우리가 애굽에 있을 때에는 값없이 생선과 오이와 참외와 부추와 파와 마늘들을 먹은 것이 생각나거늘 이제는 우리의 기력이 다하여 이 만나 외에는 보이는 것이 아무 것도 없도다 하니 만나는 깟씨와 같고 모양은 진주와 같은 것이라 백성이 두루 다니며 그것을 거두어 맷돌에 갈기도 하며 절구에 찧기도 하고 가마에 삶기도 하여 과자를 만들었으니 그 맛이 기름 섞은 과자 맛 같았더라 밤에 이슬이 진영에 내릴 때에 만나도 함께 내렸더라 백성의 온 종족들이 각기 자기 장막 문에서 우는 것을 모세가 들으니라 이러므로 여호와의 진노가 심히 크고 모세도 기뻐하지 아니하여

광야에서 이스라엘 백성들은 하늘에서 내리는 만나를 먹으면서도 고기를 먹던 애굽을 생각합니다. 온 종족들이 자기 장막에서 우는 것을 듣고 모세도 기뻐하지 않았습니다. 모세도 하나님을 원망합니다. 자기가 배지도 낳지도 않은 이 백성들을 품고 어찌 열조에게 맹세하신 땅으로 가라고 하시며 내가 어디서 이 백성에게 먹일 고기를 얻을 수 있겠냐고 책임이 심히 중하여 감당할 수 없다고 말합니다.

이것이 이스라엘 백성들이 그토록 믿는 모세의 실제 모습이었습니다. 백성들의 필요와 요구를 채워 주고 싶지만 정작 아무것도 해 줄 수 없는 모세의 결핍을 보여줍니다. 지도자라고는 하지만 자기 힘으로는 백성들이 원하는 그 어떤 것도 해 줄 수 없는 무능력한 모습입니다. 성경은 슬픔과 애틋함이 뒤섞인 모세의 착잡한 마음을 잘 나타내고 있습니다.

하나님께서는 이런 모세에게 다시 말씀하십니다. 더 이상 냄새도 맡기 싫을 만큼 한 달 내내 고기를 주시겠다는 것이었습니다. 모세는 다시 푸념합니다. 보행자만 육십만 명인데 어떻게 한 달 동안 고기를 먹일 수 있냐며 양 떼와 소 떼와 바다의 모든 고기를 다 모은다

해도 부족할 것이라고 합니다. 모세는 자신이 할 수 없는 일을 하나님도 하지 못할 것이라고 단정 짓고 하나님의 말씀을 믿지 못합니다. 우리의 믿음도 이렇습니다. 내가 하지 못하는 것은 하나님도 하실 수 없을 거라 생각합니다.

그러나 하나님께서는 '여호와의 손이 짧으냐 네가 이제 내 말이 네게 응하는 여부를 보리라(23절)'고 말씀하십니다.

그리고 바람이 여호와에게서 나와 바다에서부터 메추라기를 몰아 진영 사방 하룻길 되는 지면에 두 규빗쯤 내리게 하였습니다(31절). 두 규빗이면 약 1미터 정도의 높이입니다. 생명을 먹이시는 하나님의 능력이며 은혜와 사랑입니다.

이스라엘 백성들은 단순히 하나님을 믿지 못했던 것이 아니었습니다. 그들은 무능한 하나님, 내 소원을 들어주시지 않는 하나님, 무심한 하나님으로 여겼습니다. 그들의 울음은 곧 불신앙이며 여호와 하나님을 멸시하는 태도였습니다.

하나님은 이스라엘 백성들에게 구별된 삶을 원하셨지만, 그들은 하늘의 양식을 만족하지 못하고 땅의 양식을 찾으며 과거의 세상적인 삶을 그리워했습니다.

처음 본문을 다시 살펴보겠습니다.

무리들은 예수님께 당신이 하나님이 보내셨다면 당신의 행하는 표적이 무엇이며, 무엇을 할 수 있느냐고 묻습니다. 그러면서 모세는 광야에서 만나를 주었다고 말합니다. 그러나 우리가 살펴본 것처럼 하나님께서 모세를 통해 주신 만나도 이스라엘 백성들의 영적 결핍을 채우지 못했습니다. 그렇기 때문에 예수님은 다시 말씀하십니다.

요한복음 6:47~51

진실로 진실로 너희에게 이르노니 믿는 자는 영생을 가졌나니 내가 곧 생명의 떡이니라 너희 조상들은 광야에서 만나를 먹었어도 죽었거니와 이는 하늘에서 내려오는 떡이니 사람으로 하여금 먹고 죽지 아니하게 하는 것이니라 나는 하늘에서 내려온 살아 있는 떡이니 사람이 이 떡을 먹으면 영생하리라 내가 줄 떡은 곧 세상의 생명을 위한 내 살이니라 하시니라

예수님은 당신이 '생명의 떡'이라고 말씀하십니다. 만나를 먹었던 조상들은 죽었으나 예수님은 '하늘에서 내려온 떡'으로 사람이 이 떡을 먹으면 영생할 것이라고 하십니다. 그리고 '내 살을 먹고 내 피를 마시는 자는 영생을 가졌고 내 살은 참된 양식이요 내 피는 참된 음료'라고 말씀하셨습니다(요한복음 6:54~55절).

예수님의 살과 피를 먹고 마신다는 것을 무슨 의미일까요. 그것은 바로 예수님과 하나가 된다는 것입니다. 예수님의 살을 먹고 피를

마시는 자는 예수님 안에 거하고 예수님도 그의 안에 거한다고 말씀하십니다(56절). 이것이 예수와 연합된 '의(義)'입니다. '의(義)'는 '양(羊)'과 '아(我)', 즉 나 자신이 합쳐진 글자입니다. 다시 말해 양이 내 위에 있는 것입니다. 일반적으로 '의인(義人)'이라고 하면 선한 일, 착한 일, 바른 일을 행한 사람이라고 생각합니다. 그러나 성경에서의 '의인(義人)'은 선한 일을 행하는 사람이 아니라 그리스도와 연합한 사람을 지칭합니다. 예수님을 믿고 난 다음 자신만을 위해 산다면 결국 자기 자랑으로 끝나게 됩니다. 그것은 예수님과 연합된 자의 삶이 아닙니다. '의인(義人)'은 자기 위에 어린 양되신 예수님을 모시고 살아갑니다. 그것이 의로운 삶입니다.

나의 영적 결핍을 채워줄 수 있는 유일한 분은 예수 그리스도이십니다. 예수그리스도와 연합될 때 내 근본적인 결핍이 채워질 수 있습니다. 그리고 정체성이 분명해집니다.

나는 어떤 사람입니까?
예수님과 연합했다는 것은 어디든지 예수님이 가시는 곳에 따라간다는 의미입니다. 이스라엘 백성들이 하늘로부터 내려주신 만나와 고기를 먹으면서도 영적 결핍을 채우지 못했던 이유는 자기만의 삶을 살았기 때문입니다.
예수님은 울부짖는 이스라엘 백성들에게 고기를 먹이시는 아버지의 '그 사랑'으로 우리를 덮어주십니다. 그것이 세례의 뜻입니다.

갈라디아서 3:27

누구든지 그리스도와 합하기 위하여 세례를 받은 자는 그리스도
로 옷 입었느니라

그리스도와 연합했다는 것은 세례를 받음으로 그리스도의 옷을 입었다는 것입니다. 그리고 피로 맺어진 한 형제임을 고백하는 것입니다. 예수 그리스도와 연합함으로 하나님 앞에 의인이 되시기를 바랍니다. 애굽에서 먹던 고기가 아니라 하늘에서 내려온 생명의 떡, 예수 그리스도를 힘입어 힘차게 사시기를 축복합니다.

믿음은 정보가 아닙니다. 내 삶의 주인이 그리스도이심을 고백하고 인정하는 것입니다. 내가 원하는 방향이 아니라 예수님께서 기뻐하는 방향으로 가는 것입니다. 이런 살아있는 믿음이 있는 삶, '여호와의 손이 짧으냐' 물으시는 하나님과 동행함으로 모든 결핍이 채워지기를 축복합니다.

제8계명 Ⅲ _ 삶의 주인은 누구인가?

출애굽기 20:15

도둑질하지 말라

누가복음 16:1~13

또한 제자들에게 이르시되 어떤 부자에게 청지기가 있는데 그가 주인의 소유를 낭비한다는 말이 그 주인에게 들린지라 주인이 그를 불러 이르되 내가 네게 대하여 들은 이 말이 어찌 됨이냐 네가 보던 일을 셈하라 청지기 직무를 계속하지 못하리라 하니 청지기가 속으로 이르되 주인이 내 직분을 빼앗으니 내가 무엇을 할까 땅을 파자니 힘이 없고 빌어 먹자니 부끄럽구나 내가 할 일을 알았도다 이렇게 하면 직분을 빼앗긴 후에 사람들이 나를 자기 집으로 영접하리라 하고 주인에게 빚진 자를 일일이 불러다가 먼저 온 자에게 이르되 네가 내 주인에게 얼마나 빚졌느냐 말하되 기름 백 말이니이다 이르되 여기 네 증서를 가지고 빨리 앉아 오십이라 쓰라 하고 또 다른 이에게 이르되 너는 얼마나 빚졌느냐 이르되 밀 백 석이니이다 이르되 여기 네 증서를 가지고 팔십이라 쓰라 하였는지라 주인이 이 옳지 않은 청지기가 일을 지혜 있게 하였으므로 칭찬하였으니 이 세대의 아들들이 자기 시대에 있어서는 빛의 아들들보다 더 지혜로움이니라 내가 너희에게 말하노니 불의의 재물로 친구를 사귀라 그리하면 그 재물이 없어질 때에 그들이 너희를 영주할 처소로 영접하리라 지극히 작은 것에 충성된 자는 큰 것에도 충성되고 지극히 작은 것에 불의한 자는 큰 것에도 불의하니라 너희가 만일 불의한 재물에도 충성하지 아니하면 누가 참된 것으로 너희에게 맡기겠느냐 너희가 만일 남의 것에 충성하지 아니하면 누가 너희의 것을 너희에게 주겠느냐 집 하인이 두 주인을 섬길 수 없나니 혹 이를 미워하고 저를 사랑하거나 혹 이를 중히 여기고 저를 경히 여길 것임이니라 너희는 하나님과 재물을 겸하여 섬길 수 없느니라

제8계명을 살펴보면서 사람은 부족함과 결핍이 있는 존재이고 그 결핍 때문에 도둑질을 하게 되는 것이라고 하였습니다. 그 결핍은 스스로의 힘으로는 채울 수 없다고 했습니다. 왜냐하면 본질적인 결핍은 먹고 마시는 육신이 아니라 영혼에서 오기 때문입니다. 영적 결핍

은 오직 예수 그리스도와 연합함으로 채울 수 있다고 하였습니다.

이번에 함께 나눌 누가복음 16장의 말씀을 통해 인생을 조명하는 하나님의 말씀을 다시 생각해 보려고 합니다.

본문에는 주인과 청지기가 등장합니다. 주인은 청지기가 자신의 재물을 함부로 낭비하고 있다는 것을 알고 일정한 기간을 두고 맡은 직분을 정리하라고 명합니다. 그리고 이 청지기는 속으로 깊이 진지하게 앞날을 걱정합니다. 땅을 파자니 힘이 없고 빌어 먹자니 부끄럽다는(3절) 생각을 하다 마침내 좋은 아이디어를 떠올립니다. 주인에게 빚진 자들을 불러 자기 임의대로 빚을 탕감해 주는 것입니다 (5~7절). 빚을 탕감 받으면 자신에게 호의를 베풀어줄 것으로 기대했기 때문입니다. 빚진 자들의 입장에서는 청지기에게 감사하겠지만, 주인의 입장에서는 재산을 마음대로 쓰는 청지기에 대해 분노할 수밖에 없는 상황입니다.

그런데 본문 8절에서 주인은 일을 지혜롭게 처리했다며 청지기를 칭찬합니다. 이는 주인의 입술을 빌린 예수님의 칭찬이기도 합니다.

예수님은 무엇을 칭찬하신 것일까요?

옳지 않는 일을 한 것 때문이 아니라 그 청지기의 지혜로움 때문에 칭찬하신 것입니다. 이 세대의 아들들이 빛의 아들들보다 더 지혜롭다고 칭찬하십니다. 쉽게 말하면 믿지 않는 사람들이 믿는 사람들보다 더 지혜롭게 산다는 것입니다.

어째서 이것으로 칭찬 받을 수 있었을까요?

믿지 않는 사람들은 돈 모으는 일, 돈 되는 일, 거래, 셈하는 일에 있어서 최선을 다합니다. 그들은 목적을 이루기 위해 시간과 노력을 쏟는 반면, 믿는 사람들은 기도하고 말씀 읽는 것에 단 5분도 투자하지 못한다는 것입니다. 마음을 드리고 예배를 드리는 것도 그저 여건이 될 때 하려고 합니다. 예수님은 이 청지기의 불의함이 아니라 자신의 미래에 다가올 일을 정확히 알고 그에 대해 철저히 준비하는 지혜를 칭찬하신 것입니다.

본문의 내용에는 이보다 더 중요한 교훈이 있습니다.

이 사건에는 두 가지의 전제 조건이 있습니다. 한 사람은 주인이고, 다른 한 사람은 청지기라는 사실입니다. 청지기는 주인이 아닙니다. 도둑질의 정의를 '남의 것을 주인 모르게 가져가는 것'이라고 하였을 때 '주인 아닌 사람이 주인 행세를 하는 것' 역시 도둑질이라 할 수 있습니다. 다시 말해 '도둑질하지 말라'는 제8계명은 '네 것 아닌 것으로 주인 행세하지 말라'는 것입니다. 소유주도 아니면서 마치 자기 것인양 사용하는 것이 도둑질의 본질입니다.

'미래에 대한 대비'의 비유는 성경 여러 곳에 등장합니다.

'종의 비유(마태복음 24:45~51)' '달란트 비유(마태복음 25:14~30)' '열 므나 비유(누가복음 19:12~27)' 등이 있습니다. 이들 비유의 공통점은 주인과 종이 등장한다는 것인데, 각 비유마다 주인은 재산 맡은 종의 행동을 평가하고 있습니다.

그렇다면 우리의 삶도 재조명해 보아야 합니다.

첫째, 우리는 스스로 있는 존재가 아닙니다. 나는 만들어진 존재입니다. 즉 나를 만드신 분, 나의 주인이 있다는 사실입니다. 우리는 스스로 주인이 될 수 없습니다.

둘째, 우리는 맡겨진 것을 사용하며 관리하는 종의 신분입니다. 생명과 관련된 물리적, 환경적 요인들을 살펴보면 생존에 필요한 물과 공기도 인간이 만들지 않았습니다. 우리가 빌려 쓰고 후손들에게 물려주어야 합니다.

> 전도서 1:2~4
>
> 전도자가 이르되 헛되고 헛되며 헛되고 헛되니 모든 것이 헛되도다 해 아래에서 수고하는 모든 수고가 사람에게 무엇이 유익한가 한 세대는 가고 한 세대는 오되 땅은 영원히 있도다

모든 인생은 맡겨진 대로 살다가 때가 되면 떠나야 하는 존재입니다.

셋째, 주인으로부터 맡은 것을 정산하고 평가할 때가 반드시 온다는 사실입니다.

최종적인 평가는 이 세상을 심판하는 마지막 날에 공개적으로 이루어지지만, 1차적인 평가는 생명이 끝나는 날 이루어집니다. 예수님은 너는 어떻게 살았느냐 물으십니다. 도둑질하지 않고 살았느냐 물으십니다. 다시 말해, 네 인생에서 스스로 주인 행세하며 살지 않았는지 물으신다는 것입니다.

내가 주인 되어 산 시간은 도둑질한 인생입니다. 하나님의 것을 훔쳐 내 것처럼 살아간 인생입니다. 그것이 도둑질인 근본적인 이유는 내 삶의 주인은 내가 아님에도 내가 주인 되어 살았기 때문입니다. 내 삶의 주인이 누구인지 아는 것이 행복한 삶입니다.

넷째, 맡겨진 것에 충성된 삶을 살면 마침내 참된 것을 주신다는 사실입니다.

누가복음16:10~12

지극히 작은 것에 충성된 자는 큰 것에도 충성되고 지극히 작은 것에 불의한 자는 큰 것에도 불의하니라 너희가 만일 불의한 재물에도 충성하지 아니하면 누가 참된 것으로 너희에게 맡기겠느냐 너희가 만일 남의 것에 충성하지 아니하면 누가 너희의 것을 너희에게 주겠느냐 여기에 대조를 이루는 단어들이 있습니다.

'작은 것'과 '큰 것'(10절), '불의한 것'과 '참된 것'(11절) 그리고 '남의 것'과 '너희의 것'(12절)입니다. 맡겨 주신 그것에 마음을 드리고 온 힘으로 충성을 다 하면, 마침내 진짜 내 것을 맡기겠다고 하시는 것입니다.

그렇다면 참된 것을 받기 위해 무엇을 어떻게 해야 할까요?

첫째, 주인이 누구인지 깨닫고 확실히 인정해야 합니다.

누구나 인생은 허무하다는 것을 압니다. 그럼에도 더 가지려고, 더 잡으려고 합니다. 참된 내 것, 올바른 내 것을 가지려면 내 주인이 누구인지 알고 확실하게 행동하는 결단을 내려야 합니다.

나의 진정한 주인이 하나님이십니까? 그렇다면 나는 종입니다. 이러한 고백과 행동, 결단이 필요합니다.

둘째, 참된 주인에 대한 감사를 회복해야 합니다.

두 가지의 감사가 함께 가야 합니다. 하나는 '때문에'의 감사입니다. 바로 좋은 일에 대한 감사입니다. 마땅히 감사해야 하는 일에도 우리는 제대로 감사하지 못합니다. 감사도 제대로 하기 힘든 세상입니다. 내가 주인이 아니라 종이라면 마땅히 주인에 대해 감사해야 합니다. 그래야 주인의 주인 됨을 인정하는 것입니다.

다른 하나는 '그럼에도 불구하고'의 감사입니다. 바로 나쁜 일에 대한 감사입니다. 열심히 수고했음에도 불구하고 그 일이 뜻대로 풀리지 않았을 때 역시 감사해야 한다는 것입니다. 가정, 직장, 사업, 자녀, 건강이 내가 뜻하는 대로 되지 않더라도 그럼에도 불구하고 감사해야 합니다. 그것은 주인의 통치, 섭리, 선하심을 믿고 인정하는 것이기 때문입니다. 내 인생, 내 삶이 아니라 내 주인에게 속한 삶이기 때문입니다.

셋째, 말씀에 귀 기울이며 순종하는 삶을 살아야 합니다.

드러난 하나님의 뜻에 순종할 때, 감춰진 하나님의 뜻을 찾고 분별할 수 있습니다. 예수님도 사탄에게 시험을 받으셨습니다(마태복음 4:1~11). 사탄이 예수님을 시험한 이유는 하나님의 말씀이 아니라 자기 말에 순종하게 만들려는 것이었습니다.

사탄은 40일 주야로 금식하신 예수님께 '네가 하나님의 아들이어든 돌들로 떡덩이를 만들라'고 합니다. 그러나 예수님은 '사람은 떡으로만 사는 것이 아니라 하나님의 입으로부터 나온 모든 말씀으로 산다'고 대답하십니다. 또 성전 꼭대기에 예수님을 세우고 '네가 하나님의 아들이어든 뛰어내려 보라'고 합니다. 그러나 예수님은 '주 너희 하나님을 시험하지 말라'고 대답하십니다. 사탄은 마지막으로 예수님을 높은 곳으로 데리고 가서 '내게 절하면 천하 만국을 네게 주겠노라'고 합니다. 그러나 예수님은 '사탄아 물러가라, 주 너의 하나님께 경배하고 다만 그를 섬기라'고 말씀하십니다.

사탄은 예수님에게 스스로 주인 되는 삶을 살아보라는 충동질로 예수님을 시험했지만 예수님은 단호히 '내 삶의 주인은 하나님이시다. 하나님 외에는 무릎 꿇지 않겠다'라고 말씀하셨습니다.

'도둑질하지 말라'는 계명은 주님의 음성을 듣고 그분께 순종하라는 것입니다. 주인 아닌 사람이 주인 행세하지 말라는 것입니다. 나의 삶, 인생, 감정, 시간, 꿈, 비전도 마찬가지입니다. 지금 누구의 만족을 위해 살아가고 있습니까?

본문 말씀은 선명하고 소망이 가득합니다. 모든 일에 대해 주인이 기뻐하는 대로 충성되게 살아갈 때, 참된 내 것을 주신다고 말씀하십니다. 도둑질 하지 말고 충성된 삶을 살아야 합니다.

하나님이 나의 주인이십니다. 그분의 말씀에 귀 기울일 때, 하나님은 우리에게 참되고 가치있는 삶을 허락하십니다. 우리 모두가 참되고 가치있는 삶의 주인공이 되시기를 축복합니다.

제9계명 | _거짓 없는 신실한 증인

출애굽기 20:16

네 이웃에 대하여 거짓 증거하지 말라

십계명은 하나님께서 이스라엘 백성들을 부르시며 '너희는 나의 백성이 되고 나는 너희의 하나님'이 됨을 선포하는 계약과 약속의 말씀으로 주신 것입니다. 그동안 십계명의 서론부터 제8계명까지 나누었습니다. 제8계명 '도둑질 하지 말라'는 계명은 주인 아닌 자가 주인 행세 하지 말라는 의미라는 것을 알았습니다. 주인이라면 자신의 것을 나누어 줄 수 있어야 하지만, 우리는 시간이나 생명을 다른 사람에게 나누어 줄 수 없는 존재입니다. 나의 삶과 시간, 생명은 내 것이 아닙니다. 하나님께서 맡겨 주신 삶을 살아갈 뿐입니다. 내 삶의 주인은 바로 하나님 한 분이십니다.

이번에는 제9계명 '네 이웃에 대하여 거짓 증거하지 말라'를 살펴보겠습니다. 이는 참된 증인이 되라는 말씀입니다. '증거하다'라는 히브리어는 '아나(anah)'라는 단어로 '대답하다'라는 뜻입니다. '아나'라는 단어에 전치사 '베'를 붙이면 '어떤 특정인을 변호, 증거하다'라는 뜻이 됩니다. 고대 히브리에서는 성문 앞이나 베델, 길갈, 미스바 등의 특정 장소에서 사사가 소송을 진행하였으며 이 때, 증인의 역할에 따라 사람을 죽이기도 하고 살리기도 하였습니다.

신명기 17:6~7

죽일 자를 두 사람이나 세 사람의 증언으로 죽일 것이요 한 사람의 증언으로는 죽이지 말 것이며 이런 자를 죽이기 위하여는 증인이 먼저 그에게 손을 댄 후에 뭇 백성이 손을 댈지니라 너는 이와 같이 하여 너희 중에서 악을 제할지니라

피고인의 죄가 엄중하여 사형을 선고할 경우, 반드시 2~3명의 증인을 필요로 하였습니다. 그리고 증언한 사람이 반드시 먼저 죄인에게 손을 댄 후 뭇 백성들이 손을 대도록 하였습니다. 그만큼 증인의 책임은 막중했습니다. 만약 거짓 증언이 밝혀지게 되면 거짓 증언한 자가 그 벌을 대신 받도록 규정하고 있습니다.

성경에는 증언으로 인해 죽게 되는 이야기가 있습니다. 열왕기상

21장입니다. 이스라엘 사람 나봇은 포도원을 가지고 있었고, 아합 왕은 그 포도원이 탐이나 그것을 자신에게 팔라고 하였습니다. 그러나 그 포도원은 나봇이 유산으로 물려받은 것이었기 때문에 팔 수가 없었습니다. 아합 왕은 그 포도원을 갖고 싶어 식사까지 거부하며 누워 버렸고 이런 왕에게 그의 아내 '이세벨'은 거짓 증인 두 명을 사서 나봇이 '하나님과 왕을 저주하였다'고 증거하게 합니다. 결국 나봇을 돌로 쳐 죽였고, 그 후 아합은 그 포도원을 차지하였습니다(열왕기상 21:1~16).

예수님의 경우도 마찬가지입니다. 예수님을 죽이고자 하는 유대인들이 대제사장 앞에서 거짓증인들을 세웁니다. 거짓 증인 많이 와도 답을 얻지 못하다가 나중에 두 사람이 와서 '이 사람의 말이 내가 하나님의 성전을 헐고 사흘 동안에 지을 수 있다 하더라'고 증언하였으나 예수님은 침묵하셨습니다. 그러자 대제사장이 예수님께 다시 묻습니다. '내가 너로 살아 계신 하나님께 맹세하게 하노니 네가 하나님의 아들 그리스도인지 우리에게 말하라' 이에 예수님은 '네가 말하였느니라 그러나 내가 너희에게 이르노니 이 후에 인자가 권능의 우편에 앉아 있는 것과 하늘 구름을 타고 오는 것을 너희가 보리라'고 대답하십니다. 대제사장은 자기 옷을 찢으며 그가 신성모독을 하였다 하고 그곳에 모인 사람들은 예수님의 죄가 사형에 해당한다고 말합니다(마태복음 26:60~66).

이처럼 예수님도 두 명의 거짓 증인에 의해 심판 받게 되셨습니다. 거짓 증인의 잘못된 진술에 한 사람의 생명이 달려 있습니다. 옳고 그름을 정확하게 말하는 것. 그것이 증인의 역할입니다.

옳고 그름이 뒤바뀐다면 법의 권위가 우습게 됩니다. 굳이 바르게 살 필요가 없어지는 것입니다. 잘 아는 바와 같이 '무전유죄, 유전무죄'로 법이 무효화 될 수 있습니다.

우리나라의 구조적인 문제인 '전관예우'라는 제도가 있습니다. 법복을 벗은 지 얼마 되지 않는 사람이 변호를 맡은 경우, 그 변호사의 지위 등을 고려해 피고인의 형량을 감하는 경우입니다. 법을 바르게 집행해야 할 사람들이 법의 권위를 무너뜨리는 것입니다. 이역시 법을 우습게 만듭니다.

율법체계 하에 있는 이스라엘 백성들은 하나님의 말씀으로 법을 집행하였고 하나님의 말씀이 곧 법이었습니다. 그렇기 때문에 법을 잘못 집행하고 왜곡하는 것은 하나님을 업신여기는 태도로 연결됩니다. 그리고 궁극적으로 하나님을 부정하게 됩니다.

사람들은 왜 거짓 증거를 할까요?

첫째, 손익의 문제입니다. 증언을 하였을 때 자기가 얻게 될 손익을 따지는 것입니다.

둘째, 인간관계의 문제입니다. 혈연, 지연, 학연의 연결고리 때문입니다.

셋째, 감정의 문제입니다. 인간적인 동정심으로 인해 이성보다 감성이 앞서게 되기 때문입니다.

그러나 성경에서는 '너희는 재판할 때에 불의를 행하지 말며 가난한 자의 편을 들지 말며 세력 있는 자라고 두둔하지 말고 공의로 사람을 재판할지며(레위기 19:15)'라고 말씀하십니다.

다시 말해, 가난하다고해서 아니면 권력이 있다고해서 그의 편을 들지 말고 반드시 공의로 재판하라고 합니다.

신명기 1:16~17

내가 그 때에 너희의 재판장들에게 명하여 이르기를 너희가 너희의 형제 중에서 송사를 들을 때에 쌍방간에 공정히 판결할 것이며 그들 중에 있는 타국인에게도 그리 할 것이라 재판은 하나님께 속한 것인즉 너희는 재판할 때에 외모를 보지 말고 귀천을 차별 없이 듣고 사람의 낯을 두려워하지 말 것이며 스스로 결단하기 어려운 일이 있거든 내게로 돌리라 내가 들으리라 하였고

모세는 이스라엘 백성들에게 어떤 상황, 사람, 조건에도 구애받지 말고 모든 재판은 하나님께 속하였으므로 공정하게 판결하라고

말합니다. 그것이 바로 하나님을 사랑하고 존중하는 방법이라는 것입니다.

잘 알려진 바와 같이 공정하지 못해서 생긴 비극이 있습니다.

창세기 3:1~3

그런데 뱀은 여호와 하나님이 지으신 들짐승 중에 가장 간교하니라 뱀이 여자에게 물어 이르되 하나님이 참으로 너희에게 동산 모든 나무의 열매를 먹지 말라 하시더냐 여자가 뱀에게 말하되 동산나무의 열매를 우리가 먹을 수 있으나 동산 중앙에 있는 나무의 열매는 하나님의 말씀에 너희는 먹지도 말고 만지지도 말라 너희가 죽을까 하노라 하셨느니라

간교한 뱀은 여자에게 하나님이 참으로 동산의 모든 나무의 열매를 먹지 말라 하였는지 묻습니다. 그러자 여자는 하나님께서 동산 중앙에 있는 나무의 열매는 '먹지도 말고 만지지도 말라 너희가 죽을까 하노라' 하였다고 대답합니다. 그러나 하나님은 그렇게 말씀하지 않으셨습니다.

창세기 2:17

선악을 알게 하는 나무의 열매는 먹지 말라 네가 먹는 날에는 반

드시 죽으리라 하시니라

　하나님께서는 '먹지 말라', '반드시 죽으리라' 하셨으나 여자는 '먹지도 보지도 말라', '죽을까 하노라'고 의미를 바꾸어 버립니다. 애매모호하게 자기 생각과 판단으로 하나님의 말씀을 왜곡하는 것입니다. 하나님의 말씀을 자기 마음대로 해석하고 말하는 것이 '거짓 증언'입니다.

　사회적 이슈가 되는 문제들이 있습니다. 동성애도 그렇습니다. 성경에서 동성애는 '죄'라고 말합니다. 하지만 이렇게 말하면 인권을 주장하는 사람들은 포용력이 없고 편협하고 무지하고 무식하다고 비판합니다. 우호적으로 대타협, 관용(tolerance)을 베풀어야 한다고 말합니다. 그러나 우리는 하나님의 말씀에 대하여 정확하게 말할 줄 알아야 합니다. 분명한 것은 동성애는 병이나 그 사람의 기질이 아니라 하나님께서 정하신 바 '죄'입니다. 내가 죄인이라고 해서 '그 죄는 죄가 아니다'라고 말하는 것은 별개의 문제입니다. 내가 못 지킨다고 해서 하나님의 말씀이 아니라고 할 수 없다는 것입니다. 참된 증인은 하나님의 말씀이 그러하다면 '그렇다'라고 말할 수 있어야 합니다. 하나님의 말씀을 편의대로 사람들에게 환영 받게 만드는 것이 거짓증거입니다.

그런 맥락에서 이웃에 대하여 거짓 증거하지 말라는 계명은 곧 참된 증인으로 바르게 말할 수 있어야 한다는 것입니다. 손익관계, 인간관계, 감정의 문제를 뛰어 넘어 분명히 말할 수 있는 사람이 신실한 증인이며 하나님은 바로 우리를 그 신실한 증인으로 부르셨습니다.

이사야 43:10~12

나 여호와가 말하노라 너희는 나의 증인, 나의 종으로 택함을 입었나니 이는 너희가 나를 알고 믿으며 내가 그인 줄 깨닫게 하려 함이라 나의 전에 지음을 받은 신이 없었느니라 나의 후에도 없으리라 나 곧 나는 여호와라 나 외에 구원자가 없느니라 내가 알려 주었으며 구원하였으며 보였고 너희 중에 다른 신이 없었나니 그러므로 너희는 나의 증인이요 나는 하나님이니라 여호와의 말씀이니라

하나님은 우리로 알게 하셨고 믿게 하셨고 깨닫게 하셨으며 우리를 증인으로 불렀다고 말씀하십니다. 신약에서는 이러한 목적으로 우리를 부르셨습니다.

누가복음 24:44~48

또 이르시되 내가 너희와 함께 있을 때에 너희에게 말한 바 곧 모세의 율법과 선지자의 글과 시편에 나를 가리켜 기록된 모든

것이 이루어져야 하리라 한 말이 이것이라 하시고 이에 그들의
마음을 열어 성경을 깨닫게 하시고 또 이르시되 이같이 그리스
도가 고난을 받고 제삼일에 죽은 자 가운데서 살아날 것과 또 그
의 이름으로 죄 사함을 받게 하는 회개가 예루살렘에서 시작하
여 모든 족속에게 전파될 것이 기록되었으니 너희는 이 모든 일
의 증인이라

우리로 하여금 이 모든 일의 증인이 되라고 제자들을 부르셨습니다.

사도행전 2:31~32

미리 본 고로 그리스도의 부활을 말하되 그가 음부에 버림이 되
지 않고 그의 육신이 썩음을 당하지 아니하시리라 하더니 이 예
수를 하나님이 살리신지라 우리가 다 이 일에 증인이로다

하나님을 믿는 백성들의 가장 중요한 사명은 하나님의 살아계심
과 우리를 사랑하사 예수 그리스도를 보내주시고 그를 십자가에 죽
게 하셨으며 다시 부활하게 하셨다는 사실을 증언하는 것입니다. 우
리는 신실한 증인으로 살아야 합니다. 그러기 위해서는 우리가 알고
믿고 깨달아야 한다는 것입니다. 하나님은 깨닫기 원하는 사람에게
이 모든 것을 허락하십니다. 깨달아진 자, 아는 자, 그 사실에 눈 뜬
자, 그 사실을 분명하게 믿는 자는 말하지 않고는 견딜 수 없는 증

인으로 살아갑니다.

하나님은 우리가 거짓 없는 신실한 증인으로서 살기 원하십니다. 모든 일상에서 깨닫고 믿고 알게 된 것을 그대로 증언할 수 있는 자가 되어야 합니다. 예수는 그리스도시요 하나님은 지금도 살아계시며 하나님을 믿고 의지하는 자들의 기도를 들으시며 그들과 함께하시며 그들을 위해 천국을 예비하신 하나님의 은혜를 선포하는 증인. 하나님이 우리를 이 자리에 부르셨습니다.

거짓 없는 증인으로서 깨달아 아는 은혜가 있기를 축복합니다. 이것이 나를 향한 은혜임을 깨닫기를 원합니다. 천국에 대한 확실한 소망을 가진 우리는 '예수는 그리스도이십니다.' '예수님은 당신을 사랑하십니다.' '나를 사랑하셨듯이 당신을 사랑합니다'라고 말할 수 있어야 합니다. 이것이 인생의 마지막 말이 될 수 있기를, 그동안 참된 증인으로 살기를 축복합니다.

제9계명 II _ 십자가 언약으로 내 영혼을 새롭게

네 이웃에 대하여 거짓 증거하지 말라

요한복음 1:47

예수께서 나다나엘이 자기에게 오는 것을 보시고 그를 가리켜 이르시되 보라 이는 참으로 이스라엘 사람이라 그 속에 간사한 것이 없도다

인도의 정치가이자 사상가인 '간디(Mahatma Gandhi)'의 유명한 예화를 소개합니다.

어떤 엄마가 사탕을 너무 좋아하는 아이를 데리고 간디를 찾아왔

습니다. 이 엄마는 간디가 아이에게 '사탕은 몸에 해로우니 많이 먹으면 안 된다'고 말 한 마디 해 주기를 기대했습니다. 하지만 간디는 그 아이를 바라보다가 '죄송하지만, 한 달 뒤에 다시 와 주시겠습니까?'라고 하는 것입니다. 그 엄마는 무슨 이유가 있겠거니 생각하고 한 달 뒤에 다시 왔으나 간디는 또 다시 한 달 뒤에 와 달라고 하였습니다. 하는 수 없이 또 다시 한 달 뒤에 엄마와 아이가 찾아왔습니다. 그제야 비로소 간디는 아이에게 '사탕을 많이 먹으면 이빨도 썩고 몸에 해로우니 먹지 말라'고 얘기해 주었습니다. 아이 엄마는 화가 나면서도 의아해서 간디에게 물었습니다. '그 말 한 마디가 뭐가 어려워 두 달이나 기다려야 했나요?' 그러자 간디는 이렇게 대답했습니다. '저도 사탕을 너무 좋아해서 끊지 못하고 있는데 어떻게 아이에게 나도 못하는 일을 하라고 할 수 있겠습니까. 그래서 두 달 동안 사탕을 끊으려고 노력했고 이제는 사탕을 완전히 끊었기 때문에 이 아이에게 사탕을 끊으라고 말할 수 있었습니다.'

이 이야기를 생각하며 제9계명에 대한 말씀을 선포하기 위해 한 달 동안 고민을 했습니다. 하지만 내 삶이 변화되고 난 다음 이 말씀을 전하려면 평생 못할 것을 깨달았습니다. 내 삶이 단시간에 말씀대로 변화되지 못한다 하더라도 하나님께서 전하시는 뜻을 마음에 새기기를 원합니다.

'네 이웃에 대하여 거짓증거 하지 말라(출애굽기 20:16)'는 계명은 법정에서 참된 증인이 되라는 뜻입니다. 하나님의 말씀을 더하거나 빼지 말고 있는 그대로 전해야 한다는 것입니다. 하와는 하나님의 말씀을 자기 편의대로 더하고 뺀 결과 타락하게 되었습니다. 우리는 예수 그리스도의 신실한 증인으로서 은혜의 증인, 예수 부활의 증인으로 살아야 한다고 나누었습니다.

이번에는 본문을 통해 성령이 거짓말에 대해 우리에게 주시는 교훈을 생각해 보려 합니다.

본문 말씀은 나다나엘에 대한 예수님의 칭찬과 평가입니다. 예수님은 나다나엘에게 '참 이스라엘 사람이고 그 속에 간사한 것이 없다'라고 하셨습니다. 간사함이 없다는 것은 거짓됨이 없다는 것입니다. 한 마디로 진실한 사람이라는 뜻입니다.

이와 연결되는 말씀이 있습니다.

요한계시록 21:27

무엇이든지 속된 것이나 가증한 일 또는 거짓말하는 자는 결코 그리로 들어가지 못하되 오직 어린 양의 생명책에 기록된 자들만 들어가리라

속된 것이나 가증한 일 또는 거짓말 하는 자는 결코 새 예루살렘

성에 들어가지 못한다고 하였습니다. 그렇다면 거짓말 하는 자들은 결국 어떻게 될까요?

요한계시록 22:15

개들과 점술가들과 음행하는 자들과 살인자들과 우상 숭배자들과 및 거짓말을 좋아하며 지어내는 자는 다 성 밖에 있으리라

성경에서 '개'는 하나님 앞에 이중적인 자들을 뜻하는 비유로 사용됩니다. 하나님 앞에 바로 행하지 못하는 자들은 '다 성 밖에' 있다고 합니다. 세상은 거짓말에 대해 쉽게 생각하고 어느 정도는 용인되기도 하는 분위기입니다. 그러나 하나님은 참 이스라엘 사람이 되지 못하면 성 안에 들어갈 수 없다고 분명하게 말씀하고 계십니다.

'거짓말 하지 말라'는 것은 곧 진실한 말을 하라는 것입니다. '진실'의 사전적 정의는 이유와 목적과 상관없이 완전한 사실을 말하는 것입니다. 1%라도 거짓이 있으면 그것은 진실이 아닙니다.

그렇다면 무조건 솔직히 말해야 진실일까요? 감정에 충실하게 말한다면 진실일까요?

거짓의 몇 가지 과정이 있습니다. 특정한 목적을 이룰 수단으로 거짓말 하는 경우입니다.

첫째, 전쟁을 위한 전략, 전술을 생각해 볼 수 있습니다. 적에게

있는 그대로 보여주지 않는 위장전술 등이 그렇습니다.

둘째, 운동경기입니다. 상대방을 이기기 위해 트릭을 쓰거나 거 짓 전술을 펼치기도 합니다.

셋째, 사업가의 경우, 더 많은 이윤을 남기기 위해 고객들을 속일 때가 있습니다.

넷째, 더 관용적인 문제인데, 'No Show'와 같은 것이 있습니다. 예약 후 통보없이 나타나지 않는 것입니다.

다섯째, 직업적 특성으로 몸에 밴 거짓말이 있습니다. 시한부 환 자에게 좋아지고 있다고 격려하는 의사, 질 것 같은 소송을 이길 수 있다며 호언장담하는 변호사, 손해보고 판다는 장사꾼도 마찬가지 입니다.

여섯째, 서약, 약속을 완수하지 못하는 것입니다. 교회에서 제자 훈련이나 사역훈련을 받을 때, 또는 순장파송 될 때 주일성수, 헌 신, 봉사 등 서약을 하지만 잘 지키지 못할 때가 많습니다.

기독교 윤리에서는 거짓말을 네 가지 유형으로 나눕니다.

첫째, 악의적인 거짓말입니다. 의도적으로 남을 해하려는 의도를 가진 거짓말입니다. 절대로 해서는 안 됩니다.

둘째, 유머를 목적으로 하는 거짓말입니다. 재미를 위해 거짓말을 하는 것인데, 의도가 좋다 해도 상대방의 감정을 해치거나 좋지 않은 결과를 가져올 수 있습니다. 때로는 이중적인 잣대로 내가 하면 유머이지만 남이 하면 거짓말로 생각할 수도 있습니다.

시편 12:2~3

그들이 이웃에게 각기 거짓을 말함이여 아첨하는 입술과 두 마음으로 말하는도다 여호와께서 모든 아첨하는 입술과 자랑하는 혀를 끊으시리니

하나님께서는 아첨하는 입술을 끊을 것이라 말씀하십니다.

셋째, 예의상 하는 거짓말입니다. 편지 서두에 관용어처럼 '사랑하는', '존경하는'을 붙이는 것처럼 쓰는 말입니다. 진심이 담기지 않은 말은 거짓말입니다. 긍정적으로 본다면 그런 말을 통해 존경하고 사랑하는 마음을 가질 수도 있습니다. 반대로 생각하면, 좋은 목적을 위해 하는 말일지라도 진심이 아니라면 거짓이 됩니다.

넷째, 불가피한 거짓말, 즉 이웃의 생명이 달린 거짓말입니다.

출애굽기에 나오는 산파 '십브라'와 '부아'의 거짓말입니다. 애굽의 바로왕은 산파들에게 히브리 여인이 출산할 때 아들이면 죽이고 딸이면 살려두라고 했으나, 산파들은 자기가 갔을 때는 이미 출산하

여 죽일 수 없었다고 거짓말을 했습니다(출애굽기 1:16~20). 또 여호수아가 여리고 성에 보낸 정탐꾼을 숨겨 주고 도망가게 해 준 기생 라합의 이야기도 있습니다(여호수아 2:1~8).

오늘날에도 이러한 거짓말들이 있습니다. 영화 '쉰들러리스트'에 나오는 것처럼 히틀러의 독재 하에서 유대인을 살리기 위해 거짓말한 사람들이 있었습니다. 진실의 절대적 가치보다 사람의 생명이 더 중요하다고 판단한 경우입니다. 이런 상황에서는 어떤 결정을 내리기가 힘듭니다. 이럴 때는 차라리 정직이 가장 쉬울 수도 있습니다. 누군가를 위해 자기 목숨을 걸고 거짓말 하는 것이 가장 어렵습니다.

이처럼 현실적으로 진실만을 가지고 살기는 힘이 듭니다.

우리는 하루에 얼마나 많은 거짓말을 할까요? 입만 뻥긋하면 거짓말을 한다고 볼 수도 있습니다. 차라리 입을 닫고 살아야 하는 것은 아닌지 모르겠습니다.

그러나 중요한 점은, 아무리 '거짓말 하지 말아야지' 결심해도 우리는 근본적으로 거짓말을 할 수 밖에 없는 죄인이라는 것입니다. 아무리 생명을 살리기 위해 거짓을 말해도 거짓말은 거짓말입니다. 결론적으로 성 밖에 있어야 할 사람이며 예수님께서 정의하신 참 이스라엘 사람이 아닙니다.

이와 관련된 말씀을 몇 군데 찾아보겠습니다.

이사야 59:1~2

여호와의 손이 짧아 구원하지 못하심도 아니요 귀가 둔하여 듣지 못하심도 아니라 오직 너희 죄악이 너희와 너희 하나님 사이를 갈라 놓았고 너희 죄가 그의 얼굴을 가리어서 너희에게서 듣지 않으시게 함이니라

내 죄악이 나와 하나님 사이를 갈라놓았다고 말씀하십니다. 하나님과 우리 사이에 죄가 끼어드는 것입니다. 이러한 상황을 바울 사도는 이렇게 말합니다.

로마서 7:15~25

내가 행하는 것을 내가 알지 못하노니 곧 내가 원하는 것은 행하지 아니하고 도리어 미워하는 것을 행함이라 만일 내가 원하지 아니하는 그것을 행하면 내가 이로써 율법이 선한 것을 시인하노니 이제는 그것을 행하는 자가 내가 아니요 내 속에 거하는 죄니라 내 속 곧 내 육신에 선한 것이 거하지 아니하는 줄을 아노니 원함은 내게 있으나 선을 행하는 것은 없노라 내가 원하는 바 선은 행하지 아니하고 도리어 원하지 아니하는 바 악을 행하는도다 만일 내가 원하지 아니하는 그것을 하면 이를 행하는 자는 내가 아니요 내 속에 거하는 죄니라 그러므로 내가 한 법을 깨달았노니 곧 선을 행하기 원하는 나에게 악이 함께 있는 것이로다

내 속사람으로는 하나님의 법을 즐거워하되 내 지체 속에서 한 다른 법이 내 마음의 법과 싸워 내 지체 속에 있는 죄의 법으로 나를 사로잡는 것을 보는도다 오호라 나는 곤고한 사람이로다 이 사망의 몸에서 누가 나를 건져내랴

바울 사도는 내 안의 죄가 나를 사로잡는다고 말합니다. 우리의 적나라한 죄의 본성을 말하고 있습니다. 죄의 본성에 사로잡히면 신앙의 기쁨도 사라집니다. 24절에서 바울 사도는 탄식합니다.

이 문제를 우리는 어떻게 처리하면 좋을까요?

열왕기하 2:19~22

그 성읍 사람들이 엘리사에게 말하되 우리 주인께서 보시는 바와 같이 이 성읍의 위치는 좋으나 물이 나쁘므로 토산이 익지 못하고 떨어지나이다 엘리사가 이르되 새 그릇에 소금을 담아 내게로 가져오라 하매 곧 가져온지라 엘리사가 물 근원으로 나아가서 소금을 그 가운데에 던지며 이르되 여호와의 말씀이 내가 이 물을 고쳤으니 이로부터 다시는 죽음이나 열매 맺지 못함이 없을지니라 하셨느니라 하니 그 물이 엘리사가 한 말과 같이 고쳐져서 오늘에 이르렀더라

여기서 언급된 이 마을의 문제는 무엇입니까.

성읍의 위치는 좋으나 물이 나빠 모든 토산이 익지 못하고 떨어진다고 합니다. '토산'은 그 땅에서 맺은 열매들을 말합니다. 이에 엘리사는 새 그릇에 가져온 소금을 물 근원에 던지며 여호와의 말씀을 선포합니다. 그로 인해 물의 근원이 고쳐집니다.

이 말씀을 통해 알 수 있는 것은 근본이 고쳐지지 않는 이상 우리는 반복적으로 죄를 지을 수 밖에 없다는 사실입니다. 근본적인 문제가 고쳐지려면 내 속의 더러운 것, 속된 것, 영혼의 근원에 예수 그리스도의 피의 언약이 들어와서 소금으로 내 안에 던져져야 합니다. 그렇게 내 본성이 바뀌어야 한다는 것입니다. 우리는 예수 안에서 새로워지지 않으면 거짓말 할 수밖에 없는 존재입니다.

예수님과의 첫사랑을 떠올려 봅시다. 왜 그때는 열정이 있었을까요? 죄 사함의 은혜와 기쁨이 나를 새롭게 했기 때문입니다. 하나님 앞에 나아가 죄 용서의 기쁨을 회복하지 않으면 우리는 첫 사랑을 회복할 수 없습니다. 신앙 안에서 괜찮아졌다고 생각하지만 오래된 신앙생활 속에서 우리는 무엇을 놓치고 무엇을 붙잡고 있을까요.

우리는 예수 그리스도를 놓치고 자기 자신을 붙잡고 있습니다. 하나님은 너의 기쁨이 어디에 있느냐고 물으십니다. 내 심령의 근원에 예수 그리스도의 십자가의 언약이 내 안에 던져져 다시 한 번 용서

받고 새 사람이 되는 기쁨을 회복해야 합니다.

내 안에 있는 문제, 답답한 것을 발견하면서 다시 한 번 주 예수 앞에 나아가기를 원합니다.

주여 내 영혼의 물 근원을 새롭게 하여 주옵소서
내 영혼을 십자가의 언약으로 다시 새롭게 하여 주옵소서

이러한 변화를 경험할 때 모든 말들이 자유를 얻게 됩니다. 억지로, 예의상 하지 않고 진정으로 한 영혼을 사랑하고 존경하도록 변화할 것입니다. 예수 그리스도로 말미암아 이런 기쁨이 회복되고 우리의 물 근원이 회복될 때, 주님이 말씀하시는 참 이스라엘 사람이 되고 새 예루살렘 성 안에 들어가도록 만들어 주실 줄로 믿습니다.

제10계명_참된 만족을 누리는 능력

출애굽기 20:17

네 이웃의 집을 탐내지 말라 네 이웃의 아내나 그의 남종이나 그의 여종이나 그의 소나 그의 나귀나 무릇 네 이웃의 소유를 탐내지 말라

십계명의 마지막 제10계명, '네 이웃의 소유를 탐내지 말라'를 살펴보겠습니다. 이 계명을 현대적인 표현으로 말하자면 다른 사람의 배우자, 직원, 인간관계, 직업, 집, 자식, 차, 은행 잔고, 별장, 취미, 돈을 탐내지 말라는 것입니다. 이것은 교회에 적용하면 이웃 교회의 성도, 예배당, 헌금 액수, 프로그램, 목사님의 은사, 교회 주차장, 담임 목사의 영성 등을 탐내지 말라는 말이 됩니다.

하나님은 왜 탐내지 말라고 하실까요?

고신대학교 신학과 채경락 목사님은 '십계명의 끝자락에서 아버지의 음성을 듣는다'고 하였습니다. 여기에 모든 아버지들의 바람이 담겼다는 것입니다. 모든 아버지는 자녀들이 참된 행복을 누리기 원합니다. 진정한 행복은 바로 탐심을 내려놓는 것이기 때문입니다. 인생의 행복을 '밑 빠진 독'으로 표현하기도 합니다. 채우려 해도 채울 수 없다는 뜻입니다.

인도의 간디(Mahatma Gandhi)는 말했습니다. '지구는 우리의 필요를 채우기에는 충분하다. 그러나 우리의 욕심을 채우기에는 충분하지 않다.' 다시 말해 탐심은 우주 전체를 다 가져도 만족하지 못한다는 의미입니다. 탐심을 내려놓지 않으면 진정한 행복을 얻을 수 없습니다.

어떻게 하면 탐심을 내려놓을 수 있을까요?

첫째, 만족입니다. 만족은 탐심의 반대말이기도 합니다.

타락 전의 인간은 무엇이 되려고 할 필요가 없었습니다. 이미 완성된 존재로 하나님이 창조하였습니다. 그러나 뱀의 교묘한 시험에 빠져 자신의 지위를 만족하지 못하고 그 이상이 되기를 원하면서 탐심을 갖게 되었습니다.

이는 하나님과의 언약관계를 깨뜨리는 결과를 가져왔습니다. 하나님께서 먹지 말라고 한 선악과에는 세 가지 약속이 있습니다. 아담과 하와가 피조물이라는 것을 인정하는 것, 창조주 하나님의 말씀을 지키고 순종하는 것, 선악과를 먹지 않음으로 하나님에 대한 사랑을 고백하는 것이었습니다.

그러나 아담과 하와는 피조물인 자신들의 지위에 더 이상 만족하지 않고, 하나님의 지위를 탐하였습니다. 그리고 그 결과 죄의 영원한 벌을 받게 되었습니다. 이 약속을 깨뜨림으로 하나님과의 관계도 깨졌고 이 때문에 모든 관계도 깨지는 것입니다.

만족하지 못하면 더 좋은 것을 탐하게 되고 결국 하나님을 부인하는 결과까지 가져오게 됩니다. 배우자에 대한 불만족은 불륜으로 이어지고, 내 소유에 대한 불만족은 도둑질로 이어집니다. 이웃에 대한 증오와 미움은 살인까지 저지르게 되고, 있는 그대로의 진실에 만족하지 못해 덧붙이거나 빼는 거짓말을 하게 됩니다.

하나님과의 관계도 마찬가지입니다. 하나님처럼 되고자 하는 탐욕 때문에 초월 존재를 부정하게 됩니다. 유일하신 하나님 대신 유사한 우상들을 수없이 만들고, 탐욕이 스스로 신을 만들고 통제하며 초월자 하나님의 이름을 우습게 여깁니다.

모든 것을 완벽하게 창조하셨기에 안식을 주셨지만 인간은 하나님께서 지으신 세상에서는 행복을 찾을 수 없다고 생각하며 스스로 끊임없이 자기를 채우려고 합니다. 관계를 도구로 여겨 그 관계가 깨지면 깨진 관계를 다시 소유로 채우려고 합니다. 그러나 소유는 만족을 주지 못합니다. 끊임없이 또 다른 것으로 채우려고 하는 것입니다.

만족으로 돌아갈 때 탐심을 내려놓을 수 있습니다.

둘째, 비교의식과 시기심을 갖지 않는 것입니다.

AD 1~2세기 초반까지 교회는 순수한 신앙을 가졌습니다.

그러나 교회가 안정되고 기독교가 공인되면서 교회의 타락 조짐이 보이고 권력을 형성하여 세속화가 되기 시작하였습니다. 그런 상황을 거부하고 광야로 나가 수도에만 전념하려는 수도사들이 생겨났습니다. 그러나 이러한 수도사들조차도 어떠한 고난과 시험은 다 이겨내었지만 시기심만은 내려놓을 수 없었다고 합니다.

시기심은 비교의식으로 이어지고 스스로 모자람을 느끼는 순간 탐심으로 이어집니다. 아담은 하나님께 속한 것을 탐하였기 때문에 타락했습니다. 하나님의 '선과 악을 아는 일'을 자신이 갖고자 하였습니다.

이러한 비교의식은 출애굽기 4장의 모세에게서도 볼 수 있습니다. 하나님께서 이스라엘 백성들에게 모세를 보내려고 하자 모세는 그들이 자신을 믿지 못할 것이라고 합니다. 이스라엘 백성들이 모세에게 '여호와께서 네게 나타나지 아니하셨다'고 말할 것이라 합니다. 이에 하나님께서는 '모세의 손'에 있는 지팡이를 땅에 던져 뱀이 되게 하시고 다시 그 꼬리를 잡아 지팡이가 되게 하십니다. '네 손'에 있는 이 지팡이가 아브라함의 하나님, 이삭의 하나님, 야곱의 하나님 여호와가 네게 나타난 증거라고 말씀하십니다(1~5절).

이어서 하나님께서는 모세에게 손을 품에 넣으라 하시고 손을 넣었다 내어 보니 나병이 생겼고, 다시 품에 넣었다 내어 보니 본래의 살로 돌아오는 표징을 보이십니다. 처음 표징은 못 믿어도 나중 표징은 믿을 것이라 말씀하십니다(6~8절).

이 두 가지의 표징에는 공통점이 있습니다. 바로 '모세의 손'입니다. 하나님께서는 '네 손에 있는 것이 무엇이냐(2절)'고 물으셨습니다. 하나님은 네 손에 있는 것이면 충분하다고 말씀하셨지만 모세는 또 다른 이유를 댑니다.

출애굽기 4:10

모세가 여호와께 아뢰되 오 주여 나는 본래 말을 잘 하지 못하는 자니이다 주께서 주의 종에게 명령하신 후에도 역시 그러하니 나는 입이 뻣뻣하고 혀가 둔한 자니이다 모세는 자신이 본래 말을 잘하지 못하는 사람인데, '주께서 주의 종에게 명령하신 후에도 그러하다'고 하면서 하나님께서 시키신 일을 할 수 없다고 말합니다. 모세는 자신이 가지지 않은 것 때문에 하나님께서 명령하신 일을 할 수 없다고 말하고 있습니다.

하나님께서는 네가 가지고 있는 것으로 할 수 있다고 말씀하셨지만 모세는 가지지 못한 것 때문에 하나님의 명령을 따를 수 없다고 말하는 것입니다.

얼핏 모세가 겸손하다고 생각할 수 있겠으나 사실 이는 모세의 탐심입니다. 다른 사람과 자신을 비교함으로 자신에게 있는 것을 감사하며 그것으로 최선을 다하기보다 자신에게 없는 것 때문에 못한다고 하고 거절하는 것은 하나님을 향한 원망과 섭섭함이 있다는 것입니다.

하나님은 주어진 것으로 충분하다고 말씀하십니다. 비교의식을 내려놓을 때 우리는 진정한 행복을 누릴 수 있습니다. 기쁨과 만족과 감사함으로 사시기를 바랍니다.

그런데 진짜 문제는, 이렇게 내려놓기로 결심한다고 해서 정말 내려놓을 수 있는 것은 아니라는 것입니다. 우리의 결심만으로는 불가능합니다. 내 중심, 내 본성과 본심이 바뀌어야 합니다. 죄의 본성을 가지고는 탐심에게 노예처럼 끌려다닐 수밖에 없습니다.

어떻게 하면 우리의 본성이 변할 수 있을까요?

예수 그리스도께서 내 속에 오셔서 나를 통치하시고 다스리실 때 비로소 내 중심은 새로워지고 변화됩니다. 성경은 주 예수를 믿는 것이 우리의 본성과 본심을 바꿀 유일한 방법이라고 말합니다.

'주 예수를 믿으라 그리하면 너와 네 집이 구원을 받으리라(사도 행전 16:31)' 말씀하십니다. 구원의 중심인 내 속사람과 내면의 죄의 본성을 끊을 수 있는 유일한 방법은 예수 그리스도가 내 속에 오셔서 나를 통치하시고 다스리실 때 비로소 내 중심이 새로워지고 변화 될 수 있습니다.

열왕기하 2장 19~22절 말씀처럼 내 중심에 언약의 소금, 바로 예수 그리스도의 십자가의 은혜로 나의 물 근원을 바꾸어야 합니다.

죄의 본성은 예수 그리스도와 연합함으로써 새로운 본성인 '의'로 바뀌게 됩니다. '의(義)'에서 '양(羊)'이 빠지면 '아(我)'만 남습니다. 우리의 마음에서 어린 양 되신 예수 그리스도가 없으면 나 자신 만 남습니다. 아무리 결심해도 오래 갈 수가 없습니다. 나 혼자서는 아무것도 할 수가 없습니다. 내가 주인 되는 삶을 버리고 주 예수를 영접하고 내 주인으로 모시고 살아갈 때 본성이 바뀔 수 있습니다. 예수님은 진정하고 참된 행복의 자리로 우리를 부르셨습니다. 우리 가 다시 그리스도를 영접하고 온전히 연합하는 것만이 탐심을 이기는 유일한 방법이 됩니다.

빌립보서 4:11~13

내가 궁핍하므로 말하는 것이 아니니라 어떠한 형편에든지 나는
자족하기를 배웠노니 나는 비천에 처할 줄도 알고 풍부에 처할
줄도 알아 모든 일 곧 배부름과 배고픔과 풍부와 궁핍에도 처할
줄 아는 일체의 비결을 배웠노라 내게 능력 주시는 자 안에서 내
가 모든 것을 할 수 있느니라

내게 능력 주시는 자 곧 예수 그리스도 안에서 내가 모든 것을 할
수 있다고 합니다. 이 말씀은 '처할 줄 아는' 능력에 대한 찬가입니
다. 즉, 예수 그리스도 안에서는 어떠한 상황에서도 참된 만족을 누
리는 능력을 갖게 됩니다. 환란 가운데서도 찬송하고 어려움 중에도
만족하며, 배부름으로 교만하지 않고 성취감에 사로잡혀 무리하지
않게 됩니다. 참된 만족의 열매는 예수를 모시고 살아갈 때 감사함
으로 나타납니다.

욥기 1:21

내가 모태에서 알몸으로 나왔사온즉 또한 알몸이 그리로 돌아가
올지라 주신 이도 여호와시요 거두신 이도 여호와시오니 여호와
의 이름이 찬송을 받으실지니이다

바로 욥의 고백입니다. 감사할 수 없는 순간, 모든 것을 빼앗긴 순간, 인간의 모든 비극을 경험하는 그 순간에도 욥이 하나님께 찬송함으로 고백할 수 있었던 이유는 그에게 주님만이 가장 소중한 분이셨기 때문이었습니다.

우리에게 이런 믿음이 있기를 원합니다. 여러 이유들 때문에 주님을 내려놓았다면 다시 그분을 주인의 자리로 모시기를 원합니다. 아직 주님을 나의 주인으로 모시지 못하신 분이 계시다면 주님을 주인의 자리로 모시기를 원합니다.

주 예수 그리스도를 믿는 믿음만이 우리를 새롭게 합니다.

주 예수 그리스도를 믿음으로 하나님의 자녀가 됩니다.

주 예수 그리스도를 믿음으로 거듭나게 됩니다.

주 예수 그리스도를 믿음으로 모든 죄를 용서받게 됩니다. 우리의 마음에 예수 그리스도를 모시기를 축복합니다.

십계명 에필로그 _ 말씀의 길 위에서

출애굽기 20:1~20

하나님이 이 모든 말씀으로 말씀하여 이르시되 나는 너를 애굽 땅, 종 되었던 집에서 인도하여 낸 네 하나님 여호와니라 너는 나 외에는 다른 신들을 네게 두지 말라 너를 위하여 새긴 우상을 만들지 말고 또 위로 하늘에 있는 것이나 아래로 땅에 있는 것이나 땅 아래 물 속에 있는 것의 어떤 형상도 만들지 말며 그것들에게 절하지 말며 그것들을 섬기지 말라 나 네 하나님 여호와는 질투하는 하나님인즉 나를 미워하는 자의 죄를 갚되 아버지로부터 아들에게로 삼사 대까지 이르게 하거니와 나를 사랑하고 내 계명을 지키는 자에게는 천 대까지 은혜를 베푸느니라 너는 네 하나님 여호와의 이름을 망령되게 부르지 말라 여호와는 그의 이름을 망령되게 부르는 자를 죄 없다 하지 아니하리라 안식일을 기억하여 거룩하게 지키라 엿새 동안은 힘써 네 모든 일을 행할 것이나 일곱째 날은 네 하나님 여호와의 안식일인즉 너나 네 아들이나 네 딸이나 네 남종이나 네 여종이나 네 가축이나 네 문안에 머무는 객이라도 아무 일도 하지 말라 이는 엿새 동안에 나 여호와가 하늘과 땅과 바다와 그 가운데 모든 것을 만들고 일곱째 날에 쉬었음이라 그러므로 나 여호와가 안식일을 복되게 하여 그 날을 거룩하게 하였느니라 네 부모를 공경하라 그리하면 네 하나님 여호와가 네게 준 땅에서 네 생명이 길리라 살인하지 말라 간음하지 말라 도둑질하지 말라 네 이웃에 대하여 거짓 증거하지 말라 네 이웃의 집을 탐내지 말라 네 이웃의 아내나 그의 남종이나 그의 여종이나 그의 소나 그의 나귀나 무릇 네 이웃의 소유를 탐내지 말라 뭇 백성이 우레와 번개와 나팔 소리와 산의 연기를 본지라 그들이 볼 때에 떨며 멀리 서서 모세에게 이르되 당신이 우리에게 말씀하소서 우리가 들으리이다 하나님이 우리에게 말씀하시지 말게 하소서 우리가 죽을까 하나이다 모세가 백성에게 이르되 두려워하지 말라 하나님이 임하심은 너희를 시험하고 너희로 경외하여 범죄하지 않게 하려 하심이니라

지금까지 십계명에 대해 살펴보면서 여기에 담긴 하나님의 궁극적인 뜻이 무엇인지 생각해 보았습니다.

먼저, 십계명의 서언 부분에서는 이스라엘 백성들의 형편을 살펴보았습니다.

이스라엘 백성들은 공부를 많이 하지도 않았고, 영적으로 뛰어나지도 않았습니다. 자유인도 아니었고 존귀함도 없는 사람들이었습니다. 하나님의 말씀을 듣던 이스라엘 백성들은 노예 신분으로 꿈도 없고 비전도 없는, 생존을 위해서라면 어떤 일이라도 할 수 있는 그런 사람들이었습니다.

애굽에서 살았던 습성 탓에 그저 불평과 원망, 시기, 질투 등이 몸에 배었고 노예 신분에서 벗어나 자유인으로 살 필요조차도 모르는 사람들이었습니다. 구원의 필요성도 모르고, 하나님 백성으로 사는 것이 무엇을 뜻하는지 알지 못하는 그런 이스라엘 백성들을 세워 놓고 하나님은 신앙의 A, B, C부터 가르치고 계시는 것입니다.

이 일은 우리에게 큰 도전과 위로가 됩니다. 애굽에서 종의 신분이었던 그들의 모습은 바로 구원 받기 전, 죄의 종노릇 하던 내 모습과 같고, 이 땅에서의 성공과 욕망이 꿈인 줄 알고 매달리던 시절과 같습니다. 그러나 그 끝에는 아무것도 남지 않는, 마치 신기루 같은 인생임을 깨닫게 됩니다.

하나님은 우리를 구원 받은 자유자로 부르셨습니다. 구원의 필요성도 알지 못하고 심지어 요구조차 하지 않은 우리를 부르셨습니다. 먼저 믿지 않던 우리가 하나님의 강권적인 역사하심으로 오늘 이 자리에 있게 된 것입니다. 하나님께서 자녀에게 진정한 행복을 주고 싶어 하시기 때문입니다. 하나님은 우리가 진정한 행복을 누리기를 원하십니다.

우리를 향한 하나님의 마음은 어떠할까요?

시편 40:5

여호와 나의 하나님이여 주께서 행하신 기적이 많고 우리를 향하신 주의 생각도 많아 누구도 주와 견줄 수가 없나이다 내가 널리 알려 말하고자 하나 너무 많아 그 수를 셀 수도 없나이다

다윗은 우리를 향하신 주의 생각이 너무나 많아 셀 수조차 없다고 말합니다.

이사야 43:1

야곱아 너를 창조하신 여호와께서 지금 말씀하시느니라 이스라엘아 너를 지으신 이가 말씀하시느니라 너는 두려워하지 말라 내가 너를 구속하였고 내가 너를 지명하여 불렀나니 너는 내 것이라

하나님께서 지명하여 불렀으므로 '너는 내 것이라'고 말씀하십니다.

이는 내 생각이 너희의 생각과 다르며 내 길은 너희의 길과 다름이니라 여호와의 말씀이니라 이는 하늘이 땅보다 높음 같이 내 길은 너희의 길보다 높으며 내 생각은 너희의 생각보다 높음이니라 이는 비와 눈이 하늘로부터 내려서 그리로 되돌아가지 아니하고 땅을 적셔서 소출이 나게 하며 싹이 나게 하여 파종하는 자에게는 종자를 주며 먹는 자에게는 양식을 줌과 같이 내 입에서 나가는 말도 이와 같이 헛되이 내게로 되돌아오지 아니하고 나의 기뻐하는 뜻을 이루며 내가 보낸 일에 형통함이니라

하나님의 생각은 내 생각과 다르고 더 높다고 말씀하십니다. 나를 향한 뜻을 가지시고 참된 행복으로 인도하시는 그 길은 높은 곳에서 전체를 조망하고 있다는 것입니다. 그 일에 대해 예레미야 선지자는 이렇게 말합니다.

여호와의 말씀이니라 너희를 향한 나의 생각을 내가 아나니 평안이요 재앙이 아니니라 너희에게 미래와 희망을 주는 것이니라

개역성경에서는 이렇게 나옵니다. '나 여호와가 말하노라 너희를 향한 나의 생각은 내가 아나니 재앙이 아니라 곧 평안이요 너희 장

래에 소망을 주려하는 생각이라.'

표준새번역에서는 이렇습니다. '너희를 두고 계획하고 있는 일들은 오직 나만이 알고 있다. 내가 너희를 두고 계획하고 있는 일들은 재앙이 아니라 번영으로서, 너희에게 미래에 대한 희망을 주는 것이다. 나 주의 말이다.'

하나님께서는 우리에게 미래와 희망을 주신다고 하셨습니다. 이와 동일한 마음으로 우리에게 십계명을 주신 것입니다. 그러나 이스라엘 백성들은 우뢰와 번개와 나팔 소리와 연기(18절)로 나타난 여호와의 영광을 보고 감히 하나님 앞에 설 수 없었습니다. 그래서 모세에게 '당신이 우리에게 말씀하소서 우리가 듣겠나이다(19절)'라고 한 것입니다. 그러나 모세는 '두려워 말라 하나님은 너희를 시험하고 범죄치 않게 하려 하심(20절)'이라고 합니다.

이것이 하나님의 마음입니다. 하나님은 우리가 그분을 시험하여 범죄 하지 않고 진정한 행복을 누리기 원하십니다. 십계명에 짓눌려 사는 것이 아니라 십계명을 통해 복을 누리며 살기를 원하시는 것입니다.

'시험'에는 순기능과 역기능이 있습니다.

실력을 높이고 가치를 높이는 순기능이 있지만, 역기능으로는 상대를 짓누르고 힘들게 하거나 경쟁을 위해 줄 세우기도 합니다. 하지만 '시험'은 본래 내가 모르는 것이 무엇인지, 내가 약한 부분이 어디인지 평가하는 것입니다. 내가 약한 부분을 끄집어내어 강화하는 것. 그것이 '시험'의 본래 목적입니다.

이런 뜻에서 '십계명'은 우리의 수준이 드러나게 합니다. 하나님께서 우리로 하여금 범죄하지 않게 하려 하신다는 것은 바로 화살이 목표를 정확히 맞추는 것처럼 '의(義)'를 의미합니다. 99%의 의는 완전하지 않기 때문에 죄라는 것입니다. 일상에 한번 적용해 봅시다. 기차는 철로 위를 달릴 때 자유로울 수 있습니다. 그러나 기차가 철로 위로만 달리는 것을 구속이라 생각하고 탈선한다면, 그것은 자유가 아니라 죽음입니다. 오랜 시간 항해 하는 동안 망망대해에서 배에 갇혔다 생각하고 바다에 뛰어든다면 그것은 자유가 아니라 죽음입니다.

세상 사람들은 '십계명'을 속박이라고 생각하지만, 우리 인생의 항로는 말씀의 길 위에 있을 때가 가장 행복하고 안전합니다. 그렇기 때문에 하나님께서는 일단 '계명을 지켜라'라고 말씀하시는 것입니다. 이 십계명을 곰곰이 묵상해 보면 하나님이 그냥 생각나시는 대로 막 던져 주신 것이 아니라는 사실을 깨닫게 됩니다.

제6계명에서 제10계명까지의 '살인하지 말라', '간음하지 말라', '도적질하지 말라', '거짓 증거 하지 말라', '이웃의 소유를 탐내지 말라'는 계명은 인간이 죄를 범하고 나타나는 현상을 거꾸로 설명하는 것입니다.

인간의 타락은 탐심에서 시작되었습니다. 아담과 하와는 하나님께 비교의식을 가졌고 선악을 구분하는 하나님의 지혜를 탐하였습니다. 그 결과 뱀의 유혹에 넘어가 거짓 증언을 하게 됩니다. 그리고 하나님의 것인 선악과를 도둑질 했고, 하나님이 아닌 사탄을 택하는 영적 간음을 하게 됩니다. 그러한 타락의 결과, 형이 동생을 죽이는 끔찍한 살인으로 나타납니다.

제1에서 4계명과 제6에서 10계명 사이의 가교 역할을 해 주는 것이 제5계명 '네 부모를 공경하라'입니다. 이는 곧 '너는 스스로 있는 자가 아니다', '너는 만들어진 존재다'라는 의미입니다.

제1에서 4계명은 하나님과의 관계 회복을 위해 주신 것입니다.

'안식일을 거룩하게 지키라'는 하나님의 완벽한 일하심을 고백하는 것입니다. 또 한층 더 친밀한 관계로 가기 위해 '하나님의 이름을 망령되이 부르지 말라'고 말씀하십니다. 이는 하나님의 이름을 부르지 말라는 의미가 아니라 하나님의 이름을 제대로 부르라는 것입니다. 그리고 하나님께서는 신을 통제하고자 하는 인간에게 '우상을 만들지 말라'고 말씀하십니다. '나 외에 다른 신을 네게 두지 말라'고 하심으로 '오직 하나님만 사랑하라'고 하셨습니다. 이는 하나님께만 집중하라는 뜻입니다.

누가 하나님을 가장 사랑할까요?

바로 예수 그리스도이십니다. 예수님은 하나님에 대한 사랑의 구체적인 예를 보이셨습니다. 예수님은 공생애의 시작과 함께 성령에게 이끌려 광야로 가서서 40일 동안 금식하시고 마귀에게 시험을 받으십니다(마태복음 4:1~11). 마귀는 예수님을 세 번 시험합니다. 그 시험의 내용은 결국, 아무것도 없는 상황에서 '이래도 네가 하나님을 사랑하느냐?' 하는 것이었습니다.

이 부분에서 아담과 하와와 비교됩니다. 아담과 하와는 모든 것을 가졌지만 자신들에게 없는 단 하나, 선악과를 탐하였습니다. 모든 것이 완벽한 상황에서도 인간은 타락했습니다. 그러나 예수님은 아무것도 없이도 오직 하나님만을 사랑하고 있음을 보여주셨습니다.

아무런 소망이 없는 우리에게 예수님은 그의 '의'를 주셨습니다. 내가 예수님을 영접함으로 예수님의 의가 나의 의가 되고, 성령이 내 안에 거함으로 새롭게 되어 예수님의 마음이 곧 내 마음이 되게 하시는 것입니다.

하나님께서 창조하시고 생령을 불어넣으셔서서 첫 눈을 뜨게 된 아담과 하와는 죄 없는 인간으로서 긍정적 마음, 믿음, 신뢰, 최고의 지위, 모든 시간과 삶이 미래를 위한 소망으로 넘쳤습니다. 하지만 죄를 범하고 타락한 후에는 사탄의 노예로서 저주받은 생각, 믿음의 결핍, 미래에 대한 두려움, 절망, 서로를 저주하는 삶을 얻었습니다.

그러나 예수님이 시험에서 승리하시고 우리를 구원하셔서 저주의 사슬에서 벗어났고 마음의 감옥에서 자유를 얻게 되었습니다. 이성을 초월하는 생각, 보이지 않는 것을 보는 믿음을 갖게 되었고, 하나님의 영광을 위한 꿈을 꿉니다. 들리지 않는 것을 듣고 고백하는 긍정적인 사람이 됩니다. 하나님이 함께 하실 때 이런 변화된 삶을 얻습니다.

십계명의 말씀은 내 삶을 누구에게 맡기느냐에 따라 인생이 달라질 수 있다고 말합니다. 평범한 도시락이 예수님을 만나면 오천 명을 먹이는 기적의 주인공으로 사용됩니다. 몽당연필이 미켈란젤로를 만나면 모나리자를 그리는 도구로 사용됩니다.

얼마 전 보았던 조각가의 작품처럼 사용하고 버려진 쇠붙이 공이 조각가를 만나면 작품이 됩니다. 철근들이 모여서 나무가 되고 이미지와 메시지가 됩니다.

십계명 말씀을 통해 우리에게 다가오시는 주님께 인생을 드릴 때, 우리는 축복의 도구, 은혜의 도구가 되고 새로운 꿈과 믿음, 생각과 말로 변화 되는 비전의 사람으로 살아갈 것입니다.

십계명의 말씀을 마무리하면서 다짐하고자 합니다.

주님이 원하셨던 것처럼 하나님 사랑하는 사람 되기를 원합니다.

예수님께서 내 마음에 들어오셔서 나를 새롭게 창조하시고 내 삶의 주인이 되어 주옵소서.

몽당연필 같은 내 삶, 철근 조각과 같은 내 삶을 주님이 붙잡아 주셔서 작품을 만들어 주시고 싸인을 만들어 주시고, 메시지를 만들어 주옵소서. 내 삶을 주님께 드립니다.

언제나 이렇게 고백하며 사시기를 축복합니다.

도움을 받은 책들

다음과 같은 책의 도움을 받았습니다.

주석

1 「출애굽기 (하)」, 존 더햄, WBC주석시리즈, 임마누엘 간

2 「출애굽기」, 제임스 브루크너 저, 성서유니온선교회 간

3 「엑스포지멘터리 출애굽기」, 송병현 저, 국제제자훈련원 간

단행본

1 「데칼로그, 십계명을 어떻게 이해할 것인가」 김지찬 저, 생명의 말씀사 간

2 「교회 다니면서 십계명도 몰라?」, 차준희 저, 국제제자훈련원 간

3 「십계명의 렌즈를 통해서 보는 삶의 목적과 의미」, 마이클 호튼 저, 부흥과개혁사 간

4 「기독교강요 (상)」 제2부 7~8장, 존 칼빈 저, 생명의 말씀사 간

5 「강영안 교수의 십계명 강의」 강영안 저, IVP 간

6 「출애굽기, No Turning Back」, 신현광 저, 민영사 간

7 「출애굽기 산책」, 박철현 저, 솔로몬 간

8 「서술로서의 모세오경(하)」, 존 H.세일해머, 새순출판사 간

9 「안식」, 아브라함 헤셸. 복있는 사람 간